Joel R. Beeke & Diana Kleyn

Wie Gott bei Dürre einen Schirm sandte

Joel R. Beeke & Diana Kleyn

Wie Gott bei Dürre einen Schirm sandte

und andere Andachtsgeschichten

betanien

Die Bibelzitate folgen in der Regel der Schlachter Version 2000, gelegentlich auch der Übersetzung von Hermann Menge sowie der revidierten Elberfelder Bibel.

4. Auflage 2023

Originaltitel: How God used a Drought and an Umbrella.
Building on the Rock Series Vol. 4

Veröffentlicht bei Christian Focus Publications Ltd., Schottland

Imkerweg 38 · 32832 Augustdorf
www.betanien.de · info@betanien.de
Übersetzung: Silke Voß
Satz: Betanien Verlag
Cover: 18prozent.de mit einem Bild von Jeff Anderson
Illustrationen: Jeff Anderson (außer S. 100)
Druck: Drusala.cz

ISBN 978-3-935558-34-1

Inhalt

Wie man dieses Buch verwendet. 7
Kürzere Erzählungen 10
Längere Erzählungen 11

Teil 1: Treue Zeugen 12
1. Der Lehrling des Zimmermanns. 13
2. Ein armer Mann wird reich 17
3. Eine echte Freundin 23
4. Der Einfluss der Schwester 41
5. Die verlorene Tochter 46
6. Wie es Großvater immer macht 49
7. Der blinde Charles 55
8. Bob, der Schiffsjunge 61
9. Weihnachten im Holzfällerlager 69
10. Die Familienandacht 79
11. Den Armen geben, heißt dem Herrn leihen 83
12. Gottes Werk behindern 87
13. Freundlichkeit hilft mehr als man meint. . . 90
14. Kann ich vor Gott fliehen? 95
15. John Maynard 101
16. Kein Schatz im Himmel 108
17. Die lange Bank. 110
18. Der arme Peter Steinbrecher 115
19. Böses mit Gutem vergelten. 119
20. Susans Glaubensgebet. 125

21. Das bist du, Jim!. 131
22. Die Kraft einer kurzen Predigt 139
23. Ins Verderben 142
24. Der Schüler und der Schulleiter 145

Teil 2: Kindlich fester Glaube 149
25. Aus dem Mund der Kinder hast du dir Lob bereitet 151
26. Beckys Gebet 154
27. Wie Gott bei Dürre einen Schirm sandte . . 159
28. Mann, liebst du Gott? 161
29. Robert lernt eine wichtige Lektion 165
30. Der Hirte und das verlorene Schaf 169
31. Das Küchenmädchen 175

Bibelstellenverzeichnis 183
Antworten 185
Über die Verfasser, Danksagung 189
Gesamtüberblick über die Reihe 191

Wie man dieses Buch verwendet

Alle Geschichten in dieser Buchreihe basieren auf tatsächlichen Ereignissen, von denen die meisten in früheren Jahrhunderten geschehen sind. Wir haben sie aus verschiedenen Quellen entnommen und sie in kindgerechter Sprache nacherzählt. Viele von ihnen liegen hier erstmals in gedruckter Form vor; andere wurden (auf Englisch oder Niederländisch) vor einigen Jahrzehnten schon einmal veröffentlicht, allerdings ohne die hier beigefügten Fragen und Anregungen für Andachten.

Die Geschichten in diesem Buch und in den anderen Bänden der Reihe »Auf Fels gebaut« legen allesamt nachdrücklich den Schwerpunkt auf die biblische Botschaft der Errettung. Sie sind für mehrere Zwecke ideal geeignet.

Geschichten für Andachten

Diese Geschichten können für die persönliche Andacht eines Kindes oder im Rahmen der Familienandacht benutzt werden.

Jede Geschichte beinhaltet mindestens eine Bibelstelle oder verweist darauf. Am Ende jeder Geschichte wird eine Schriftstelle genannt, die auch im Rahmen der persönlichen oder der gemeinsamen Bibellese in der Familie verwendet werden kann. Viele Geschichten enthalten weitere Bezüge auf die Bibel; manche enthalten weitere Verse, die man ebenfalls nachlesen kann.

Am Ende jeder Geschichte stehen Fragen, die zum Überdenken, Verinnerlichen und Anwenden des Gelesenen und Gelernten helfen. Diese Fragen kann ein Kind entweder allein für sich beantworten und die richtigen Antworten am Ende des Buches nachschlagen, oder – wofür sich die Fragen besonders gut eignen – sie können in der Familie oder Gruppe besprochen werden. Manche Fragen haben auch keine vorgegebene Antwort, sondern regen zum gemeinsamen Gespräch an.

Außerdem werden je zwei »Anregungen zum Gebet« vorgeschlagen. Sie sind nicht als vorformuliertes Gebet gedacht, sondern sollen als Hilfe für das persönliche Gebet dienen. Sie können dem Kind oder der Familie helfen, über Themen nachzudenken, die mit der Geschichte zu tun haben und sollen ihnen verdeutlichen, wo Gebet nötig ist – sei es für sich persönlich, für andere, für die Gemeinde oder für die Welt. Der jeweils erste der zwei Gebetsvorschläge richtet sich an diejenigen, die bereits bekehrt und wirklich gläubig sind (mit ✶ markiert). Der zweite Gebetsvorschlag hingegen soll Noch-nicht-Bekehrte (aber auch Christen) anleiten, um Vergebung, Errettung und Erlösung von der sündigen Natur zu beten oder auch Gott für seine Gnade und das Geschenk des Heils zu danken (mit ❖ markiert).

Am Ende jeder Geschichte stehen zudem Fragen, die zur Diskussion anregen. Man kann sie auf sich persönlich beziehen oder auf eine entsprechende Bibelstelle. Die Antworten auf die direkt gestellten Fragen werden am Ende des Buches aufgeführt. Ebenfalls am Ende des Buches findet sich ein Bibelstellenverzeichnis. Zu jeder Kapitelnummer sind dort die Bibelstellen genannt, die in dem Kapitel vorkommen. Dies schließt die Bibelstellen innerhalb der Geschichte ein sowie die Abschnitte mit den Fragen und der Schriftlesung.

Unterweisung von Kindern

Wie die oben genannten Anwendungsmöglichkeiten ist auch die folgende von besonderem Nutzen für alle, die Kinder in der Gemeinde, der Sonntagsschule, Kinderstunden usw. unterrichten. Im fünften und letzten Band dieser Reihe finden Sie ein Schriftstellenverzeichnis für die ganze Reihe in Anordnung der biblischen Bücher. Dort können Sie nachschlagen, auf welche Bibelstellen in welchen Bänden in welchem Kapitel eingegangen wird, sei es in den Erzählungen, in den Fragen oder Schriftlesungen.

Außerdem enthält der Anfangsteil jedes Bandes zwei Listen mit den besonders kurzen und den besonders langen Erzählungen. Dies dürfte vor allem für diejenigen hilfreich sein, die bei der Vorbereitung von Andachten oder Unterricht auf einen bestimmten zeitlichen Rahmen achten müssen.

K Kürzere Erzählungen

Die folgenden Erzählungen sind relativ kurz. Man kann sie daher für kurz bemessene Familienandachten, Kinderstunden usw. benutzen.

5. Die verlorene Tochter
11. Den Armen geben, heißt dem Herrn leihen
12. Gottes Werk behindern
16. Kein Schatz im Himmel
22. Die Kraft einer kurzen Predigt
23. Ins Verderben
25. Aus dem Mund der Kinder hast du dir Lob bereitet
27. Wie Gott bei Dürre einen Schirm sandte
28. Mann, liebst du Gott?
30. Der Hirte und das verlorene Schaf

Ⓛ Längere Erzählungen

Die folgenden Erzählungen sind relativ lang. Man kann sie also bei solchen Familienandachten und Kinderstunden usw. benutzen, für die mehr Zeit zur Verfügung steht.

3. Eine echte Freundin
7. Der blinde Charles
8. Bob, der Schiffsjunge
9. Weihnachten im Holzfällerlager
15. John Maynard
20. Susans Glaubensgebet
31. Das Küchenmädchen

Die hier nicht aufgelisteten Geschichten sind von mittlerer Länge.

Teil 1
Treue Zeugen

1. Der Lehrling des Zimmermanns

Im Osten von Pennsylvania, einer Gegend in den Vereinigten Staaten von Amerika, gab es einmal eine Erweckung, also eine Zeit, in der besonders viele Menschen zum Glauben an den Herrn Jesus kamen. Einer der ersten, die gläubig wurden, war ein Zimmermanns-Lehrling, der John hieß. Aus John wurde nach seiner Bekehrung ein ernsthafter Christ. Er tat Gutes für Gott und arbeitete fleißig in seiner Gemeinde mit. Johns größter Wunsch war es, anderen vom Herrn Jesus Christus zu erzählen und ihnen zu sagen, dass sie Jesus brauchen, um gerettet zu werden. Leider hatte John keine gute Schulbildung. Er besaß auch nicht genug Geld, um sich eine Ausbildung zum Lehrer oder Prediger leisten zu können. Aber er tat auch ohne eine solche Ausbildung, was er konnte, um mit anderen über seinen Glauben zu sprechen und Menschen zu helfen, die in Not waren.

Johns Chef, der Zimmermann, war kein Christ und er hatte auch nicht das geringste Interesse daran, Christ zu werden. »Ich bin ein guter Mensch, John«, sagte er oft. »In meinem Beruf bin ich immer ehrlich gewesen und ich versuche, anderen zu helfen, wann immer ich kann. Außerdem bin ich ein guter Ehemann und Vater. Ich brauche keine Religion!«

Eines Abends war Johns Chef wegen eines Geschäftstermins nicht zu Hause. John besuchte zur gleichen Zeit einen Gebetsabend in seiner Gemeinde. Als John nach Hause kam, ging er in die Scheune, um vor dem Schlafengehen noch etwas Zeit allein im Gebet zu verbringen. Er kletterte auf den Heuboden und schüttete dort sein Herz vor Gott aus. Er betete laut und bat Gott für die Bekehrung von Sündern, damit sein Reich gebaut wird.

Während John betete, kam auch sein Chef nach Hause und brachte sein Pferd in die Scheune. Dort horchte er auf. Er hatte eine Stimme gehört. Es klang, als ob jemand völlig verzweifelt wäre. Schnell kletterte er die Leiter zum Heuboden hinauf – und sah dort oben John, der auf den Knien für ihn betete, ohne ihn zu bemerken! Warum, um alles in der Welt, sollte John so ernsthaft für ihn beten? Neugierig blieb der Zimmermann in der Nähe, um zuzuhören. Fast schien es, als ob John seinetwegen weinte. John flehte laut den Herrn an, seinem Chef gnädig zu sein und ihn gläubig zu machen. Mit ernsthaften und tief bewegten Worten bat er Jesus, den Retter der Sünder, seinen Chef durch das Evangelium anzusprechen. Er betete, dass Gott seinen Chef aus dem Todesschlaf aufwecken und ihm verdeutlichen möge, dass er mehr braucht als ein scheinbar gutes Leben, das vor Gott letztlich niemals ausreichen kann.

Der Zimmermann war zutiefst erstaunt. War er John wirklich so wichtig? Allmählich begann er, sich zu fragen, ob sein Lehrling vielleicht Recht haben könnte. Reichte sein vermeintlich guter Lebensstil wirklich aus, um Gott zufrieden zu stellen?

Durch Johns Gebet rüttelte Gott den Zimmermann innerlich auf. Sein Gewissen meldete sich, denn der Heilige Geist hielt ihm seine Sünden vor Augen, derer er sich bislang gar nicht bewusst gewesen war. Er war nicht mehr der unschuldige, gute Mann, für den er sich gehalten hatte – er war ein schuldiger Sünder!

In dieser Nacht konnte der Zimmermann nicht schlafen. Je mehr er nachdachte, desto klarer wurde ihm, wie groß seine Sünden waren. Er musste auch daran denken, wie warmherzig John von seinem geliebten Herrn, dem Retter der Sünder, und von seinem Erlösungswerk am Kreuz gesprochen hatte. Mit bitteren Tränen der Reue bat er Gott um Vergebung. Und Gott ließ den armen Zimmermann nicht im Stich. Er schenkte ihm ein geöffnetes Herz für ihn und schließlich konnte er an den Herrn Jesus Christus glauben und sich über die Vergebung seiner Sünden freuen. Er kam sich vor, wie ein Verbrecher, der begnadigt und freigelassen worden war.

»Ich bin frei!«, rief er und weinte Tränen des Glücks.

John und sein Chef freuten sich sehr miteinander und sie dankten Gott für seine große Güte. Die beiden Männer blieben auch später gute Freunde. Aus Dankbarkeit für die unverdiente Gnade, die sie erlebt hatten, arbeiteten beide fleißig für Gottes Reich.

Frage: Was tut Gott, wenn wir ihm unsere Sünden gestehen?

Schriftlesung: 1. Johannes 1.

Anregungen zum Gebet

- ✶ Danke Gott dafür, dass er dich von deinen Sünden retten kann und will.
- ❖ Bitte Gott um Vergebung, dass du in deinen Wünschen, Gedanken und Werken gesündigt hast.

2. Ein armer Mann wird reich

Josef war ein junger Mann, der in London, der Hauptstadt von England, lebte. Als Kind hatte er einen schweren Unfall mit einer Kopfverletzung gehabt. Als Folge dieses Unfalls fiel es Josef schwerer als anderen zu denken. Aufgrund dieser Behinderung war sein Leben nicht einfach. Als kleiner Junge war er oft von anderen geärgert worden und jetzt, als Erwachsener, lebte er allein. Er hatte keine Freunde und war sehr arm.

Ein wenig Geld konnte Josef sich verdienen, indem er Botengänge erledigte und Pakete auslieferte. So kam es, dass er an einem Sonntag einen Sack Süßkartoffeln auf dem Rücken trug, den er am anderen Ende der Stadt abliefern sollte. Niemand hatte ihm gesagt, dass man am Sonntag nicht arbeiten sollte, und auch sonst war Josef eigentlich nichts über Gott beigebracht worden. Aber als er an diesem Morgen an einer Kirche vorbeiging und von innen Gesang hörte, wurde er neugierig und ging hinein.

Die Gottesdienstbesucher waren sehr fein gekleidet. Einige von ihnen drehten sich um und starrten Josef an, der in seinen Lumpen in der letzten Bank saß. Der Prediger war einer der damaligen so genannten Puritaner; das waren Christen in England, die Gott sehr hingegeben waren. An diesem Sonntag las

er als Bibeltext 1. Timotheus 1,15 vor: *Glaubwürdig ist das Wort und aller Annahme wert, dass Christus Jesus in die Welt gekommen ist, um Sünder zu retten, von denen ich der größte bin.*

Dann sprach der Prediger ganz einfach und verständlich über diese Wahrheit: Es gibt ewige Rettung, auch für den allerschlimmsten Sünder, und zwar allein durch Jesus Christus, durch den alle Dinge gemacht sind.

Diese wunderbare Nachricht schien die Versammlung überhaupt nicht zu beeindrucken; aber Josef ließ den Prediger nicht eine Sekunde lang aus den Augen. Eifrig lauschte er jedem Wort der Predigt. Er blieb bis ganz zum Schluss und als der Gottesdienst zu Ende war, verließ er still die Kirche.

»So etwas habe ich noch nie vorher gehört«, sagte er im Gehen leise zu sich selbst. »Jesus Christus ist der Gott, durch den alle Dinge gemacht sind, und er kam in diese Welt, um Sünder wie mich zu retten. Und das ist wahr. Es ist ein glaubwürdiges Wort.«

Als die Leute auf der Straße Josef so mit sich selbst sprechen hörten, hielten sie ihn für einen verrückten Sonderling und machten einen Bogen um ihn.

Kurz darauf wurde Josef krank und bekam hohes Fieber. Als das Fieber sehr schlimm wurde, wälzte er sich unruhig auf seinem Bett. »Josef ist der größte der Sünder. Aber Jesus Christus ist in die Welt gekommen, um Sünder zu retten. Und dafür liebt Josef ihn«, wiederholte er immer wieder.

Josefs Vermieterin bemühte sich, ihn gesund zu pflegen. Als sie ihn so aufgeregt reden hörte, bat sie einen sehr religiösen Nachbarn, ihn zu besuchen. Der Nachbar kam und versuchte Josef zu beruhigen, indem er ihm einzureden versuchte, er sei doch ein guter Mensch.

»Nein! Nein!«, rief Josef. »Josef ist nicht gut! Josef ist der größte der Sünder; und das ist ein glaubwürdiges Wort. Jesus, durch den alle Dinge gemacht sind, kam in die Welt, um Sünder zu retten. Warum sollte nicht auch Josef gerettet werden?«

Den Nachbarn verwirrten diese Worte, aber er war ein gutherziger Mann und wollte helfen. Er befragte Josef über die Kirche, wo er diese Worte gehört hatte, und dann suchte er den dortigen Prediger auf und bat ihn, Josef zu besuchen.

Einige Tage später kam der Prediger. Josef ging es immer noch nicht besser, sondern vielmehr war es mit ihm von Tag zu Tag schlechter geworden. Inzwischen war er sehr schwach und seit einiger Zeit hatte er nicht mehr gesprochen.

»Josef«, sagte die Vermieterin sanft. »Der Pastor ist hier.«

Josef schien zu schlafen.

»Josef!«, sagte der Prediger.

Als Josef die Stimme des Predigers erkannte, öffnete er sofort die Augen. Er versuchte sich aufzusetzen, aber er war zu schwach und fiel zurück in sein Kissen. Dann ergriff er die Hand des Predigers.

»Oh, Sir! Sie sind der Freund des Herrn Jesus! Sie haben so gut von ihm gesprochen!«, sagte Josef mit kläglicher, zitternder Stimme. »Josef ist der größte der Sünder, aber es ist ein glaubwürdiges Wort, dass Jesus Christus, durch den alle Dinge gemacht wurden, in die Welt kam, um Sünder zu retten. Und warum nicht auch Josef? Bitten Sie Jesus für mich darum! Beten Sie, dass er mich rettet! Sagen Sie ihm, Josef glaubt, dass er ihn dafür liebt, dass er in die Welt gekommen ist, um Sünder wie Josef zu retten.«

Der Prediger war verblüfft. Er war gebeten worden, einen verwirrten Mann zu besuchen. Aber dieser Mann war nicht verwirrt! Dies war das Wirken Gottes. Mit Freude im Herzen betete der Prediger für Josef. Als das Gebet beendet war, dankte Josef ihm sehr. Dann griff er unter sein Kissen und holte ein altes Stück Stoff hervor, in das ein wenig Geld eingewickelt war. Er legte dem Prediger das Geld in die Hand und sagte: »In seiner Dummheit hat Josef dieses Geld für sein Alter aufbewahrt. Aber Josef wird niemals alt werden. Nehmen Sie es und geben Sie es den armen Freunden von Jesus. Sagen Sie ihnen, dass Josef es ihnen gegeben hat, um Jesu willen, der in die Welt gekommen ist, um Sünder zu retten, von denen Josef der größte ist.«

Nachdem Josef zu Ende gesprochen hatte, schien er plötzlich einzuschlafen. Die Anstrengung war zu viel für ihn gewesen. Still saß der Prediger an seiner Seite. Einige Momente später starb Josef.

Als der Prediger den Raum verließ, liefen ihm Tränen über die Wangen. Es waren Tränen der Freude und Dankbarkeit über den schlichten kindlichen Glauben, den Gott in diesem jungen Mann gewirkt hatte. Er erzählte oft die Geschichte des armen Josef, der so reich gemacht worden war und der mit dem Apostel Paulus sagte: *Glaubwürdig ist das Wort und aller Annahme wert, dass Christus Jesus in die Welt gekommen ist, um Sünder zu retten, von denen ich der größte bin.*

Frage: Um wen zu retten, ist Jesus in die Welt gekommen?

Schriftlesung: Matthäus 11,25-30.

Anregungen zum Gebet

✶ Danke Gott für sein Versprechen, alle zu retten, die an den Herrn Jesus glauben.

❖ Bitte Gott, deine Sünden wegzunehmen und dich zu seinem Kind zu machen.

3. Eine echte Freundin

Jane Clark war eine Waise, die mit ihrer Großmutter in einem kleinen Dorf in England lebte. Die Großmutter war eine sehr gläubige Frau. Sie lehrte Jane die Wahrheiten aus dem Wort Gottes.

Der Pastor des Dorfes, Reverend North, liebte Kinder. Jeden Sonntag besuchte er zusammen mit seiner Tochter alle Klassen der Sonntagsschule, um die Kinder zu belohnen, die sich gut benommen und aufgepasst hatten. Die Tochter des Pastors, Miss North, brachte dazu oft Bücher mit, die sie den Kindern schenkte, die regelmäßig zur Sonntagsschule gekommen waren oder alle aufgegebenen Bibelverse auswendig gelernt hatten.

An einem dieser Sonntage bekam auch Jane ein Buch, weil sie alle Bibelverse auswendig aufgesagt hatte. Sie freute sich so über ihr neues Buch! Ihre Großmutter hatte kein Geld, um ihr Bücher zu kaufen. Jane bedankte sich bei Miss North mit einem glücklichen Lächeln und einer überschwänglichen Umarmung.

Doch auf dem Rückweg, als sie schon fast zu Hause war, lief plötzlich ein schmutziges, in Lumpen gekleidetes Mädchen auf sie zu und riss ihr das Buch aus der Hand. Jane kannte dieses Mädchen: Es war Lucy Jackson. Sie war die älteste Tochter eines Zimmermanns, der ganz in der Nähe von Jane und ihrer Großmutter wohnte. Tom Jackson, Lucys Vater, fand nur selten Arbeit, weil jeder wusste, dass er seine Zeit am liebsten in der Kneipe verbrachte. Seine Frau war darüber so verzweifelt, dass sie den Haushalt vernachlässigte und ebenfalls trank. So kam es, dass Lucy niemals gelernt hatte zu lesen. Auch hatte ihr niemand je beigebracht, was richtig und was falsch war.

Jane flehte Lucy an, ihr das schöne neue Buch zurückzugeben. Aber Lucy beachtete sie gar nicht und schlug die Seiten absichtlich unvorsichtig auf.

»Du zerreißt die Seiten!«, schrie Jane. »Es ist ein ganz neues Buch!«

»Ich will mir nur die Bilder ansehen«, antwortete Lucy. Sie blätterte noch ein wenig, dann warf sie das Buch auf den Boden. »Hier. Kannst dein Buch wiederhaben. Gefällt mir sowieso nicht.«

Jane bückte sich, um ihr Buch aufzuheben. Sie weinte. Nicht nur, weil Lucy ihr Buch ganz zerfleddert hatte, sondern auch, weil sie so gemein war und so furchtbar verwahrlost aussah. Als sie beide klein gewesen waren, hatten sie oft zusammen gespielt. Aber in letzter Zeit war Lucy so frech und ungezogen, dass Jane nicht mehr mit ihr zusammen sein mochte. Was war bloß aus ihrer Freundin geworden? Früher war sie so lieb und freundlich gewesen, aber damit war es jetzt leider vorbei.

»Was ist los, Schatz?«, fragte die Großmutter, als Jane weinend ins Haus kam.

»Ich habe ein schönes Buch von Miss North bekommen, und Lucy hat es mir weggenommen. Sie hat die Seiten zerrissen und das Buch in den Dreck geworfen«, schluchzte Jane.

Die Großmutter tröstete Jane. »Das Beste, was du für Lucy tun kannst, ist, freundlich zu ihr zu sein«, sagte sie. »Gott hat dir in seiner großen Güte gute Freunde geschenkt, schöne Kleidung, genug zu Essen und ein gutes Zuhause. Jetzt musst du dich für die armen Menschen nützlich machen, denen es nicht so gut geht.«

»Aber wir haben kein Geld, um Essen und Kleidung für Lucy und ihre Familie zu kaufen«, protestierte Jane.«

»Da hast du Recht«, stimmte die Großmutter zu. »Aber du kannst auf eine andere Art helfen. Lucy hat keine Freunde, die ihr sagen, was richtig und was falsch ist. Ihre Eltern schicken sie auch nicht in die Sonntagsschule. Wie wäre es, wenn du es ihr beibringen und ihr erklären würdest, dass Lügen und Stehlen Sünde ist? Ich weiß, dass Lucys Eltern gerade nicht zu Hause sind. Du könntest jetzt gleich hingehen. Aber Jane, wenn Lucy dir nicht zuhört und anfängt, Schimpfwörter zu gebrauchen, bleib nicht dort. In der Bibel steht: ›Schlechter Umgang verdirbt gute Sitten‹ (1. Korinther 15,33).«

Jane lächelte. »Ich gehe Lucy jetzt gleich besuchen, Großmutter. Ich werde ihr von Gott und von der Bibel erzählen und ihr erklären, wie man gerettet werden kann.«

Jane und ihre Großmutter beteten noch, bevor Jane sich auf den Weg machte. Sie baten Gott, Jane zu helfen, die richtigen Worte zu finden, und dass er Lucy zu seinem Kind macht.

Als Jane bei Lucy ankam, weinte Lucy bitterlich. Nach und nach erfuhr Jane den Grund: Lucy wünschte sich ein eigenes Buch.

»Ich wünschte, ich könnte dir mein Buch geben«, sagte Jane. »Aber es war ein Geschenk von Miss North, und es wäre nicht richtig, es weiter zu verschenken.« Jane überlegte. »Aber ich weiß, wie du ein eigenes Buch bekommen kannst.«

»Wie?«, fragte Lucy und wischte sich die Tränen vom Gesicht.

»Du könntest mit mir zur Sonntagsschule gehen. Ich bringe dir bei, wie man sich gut benimmt und helfe dir beim Auswendiglernen der Verse. So kannst du dir dein Buch verdienen!«

Lucy war nicht sehr begeistert. »Es wäre mir peinlich, dorthin zu gehen«, sagte sie leise. »Ich bin fast acht Jahre alt und kann noch nicht einmal das Alphabet. Du kannst schon alleine die Bibel lesen.«

»Das wäre überhaupt nicht schlimm«, antwortete Jane. »Aber wenn du dich dann besser fühlst, kann ich dir ja ein paar Sachen beibringen.«

»Ich habe keine Zeit zum Lernen«, seufzte Lucy. »Ich muss den ganzen Tag auf meine kleinen Brüder aufpassen.«

»Aber wie wäre es morgens, wenn sie noch schlafen?«, drängte Jane. »Ich komme jeden Tag vor der Schule und bringe dir bei, wie man betet und wie du

Gott um ein neues Herz bitten kannst und darum, dass er dir hilft, Lesen zu lernen.« Jane machte eine Pause. »Lucy«, fügte sie dann hinzu, »wusstest du, dass die Bibel das Wort Gottes ist, und dass darin steht, dass alle Lügner in einen Feuersee geworfen werden?«

Lucys Augen wurden ganz groß. »Ist das wirklich wahr?«, fragte sie. »Niemand hat mir jemals irgendetwas davon gesagt.«

Jane war erstaunt, dass Lucy diese Dinge noch nie gehört hatte. »So steht es in Gottes heiligem Buch«, sagte sie feierlich.

Lucy fing an zu weinen. »Was soll ich denn dann machen? Gott muss sehr zornig auf mich sein. Ich habe schon so viele Lügen erzählt und alle möglichen Sachen gestohlen. Ich habe mich mit anderen Kindern geprügelt und sie mit Schimpfwörtern beleidigt.«

»Wenn dir leidtut, was du getan hast, und wenn du Gott bittest, dir zu vergeben und dich reinzuwaschen, dann wird er deine Sünden wegnehmen. Gott ist so gut und freundlich, dass er seinen Sohn Jesus Christus in die Welt gesandt hat, damit er am Kreuz stirbt und die Strafe der Sünder auf sich nimmt. Deshalb kann Sündern wie uns vergeben werden. Damit sie in den Himmel kommen, wenn sie sterben.«

»Mir tut sehr leid, was ich getan habe«, sagte Lucy. »Hoffentlich vergibt Gott mir. Niemand hat mir jemals etwas davon gesagt, wirklich. Wir gehen nie in die Kirche.«

Jane umarmte Lucy.

»Ich würde dir sehr gerne beibringen, was ich weiß. Und vielleicht kannst du uns ab und zu besuchen und mit meiner Großmutter sprechen. Sie weiß noch viel mehr als ich. Wir werden auch für dich beten, dass Gott dir deine Sünden vergibt. Aber jetzt muss ich gehen, sonst macht Großmutter sich Sorgen.«

Jane versprach, am nächsten Tag wiederzukommen, und lief dann schnell nach Hause. Ihre Großmutter war sehr froh, als sie erfuhr, wie gut das Gespräch verlaufen war, und sie versprach, für Lucy zu beten.

Am nächsten Morgen stand Jane eine halbe Stunde früher auf, um vor der Schule Lucy zu besuchen. Aber als sie dort angekommen war, klopfte sie vergeblich an die Tür – niemand öffnete. Jane war beunruhigt. Sie wartete ein paar Minuten und klopfte dann noch einmal. Schließlich öffnete Lucy verstohlen die Tür. Sie sah aus, als wäre sie gerade erst aufgestanden.

»Oh, Jane. Komm rein«, gähnte sie.

Jane ging ins Haus und sah sich um. Das Haus war unaufgeräumt und schmutzig. Lucys drei kleine Brüder weinten, weil sie auf ihr Frühstück warteten.

»Wo ist deine Mutter?«, fragte Jane.

»Sie steht immer spät auf«, antwortete Lucy. »Es ist meine Aufgabe, meine Brüder zu versorgen.«

Jane war enttäuscht. Bis Lucy für sich und ihre Brüder das Frühstück gemacht hatte, würde es für sie längst Zeit sein, zur Schule zu gehen.

»Lucy«, sagte Jane, »wenn du früher aufstehen würdest, hätten wir morgens Zeit, Lesen zu üben und die Verse aus der Sonntagsschule auswendig zu lernen.«

»Ich mag nicht früh aufstehen«, antwortete Lucy. »Aber wenn du mir wirklich etwas beibringen willst, würde es mir überhaupt nichts ausmachen«, fügte sie schnell hinzu.

Jane zögerte. »Ich würde dir sehr gern etwas beibringen, Lucy«, sagte sie dann sanft. »Wenn du jeden Morgen früh aufstehst, die Küche aufräumst und deine Brüder versorgst, bevor ich hier bin, haben wir noch immer eine halbe Stunde für uns. Und wenn deine Mutter aufsteht, solltest du ihr so gut du kannst helfen. Vielleicht könntest du sogar deinen Brüdern beibringen, was ich dir beibringe.«

»Ich werd's versuchen«, seufzte Lucy. Aber Jane spürte, dass sie sich von diesen vielen Pflichten überfordert fühlte.

»Hast du heute früh Gott gebeten, dir zu helfen?«

»Ich weiß nicht, wie man betet«, sagte Lucy.

»Dann komm«, sagte Jane. »Wir beten zusammen.«

Sie knieten sich auf den schmutzigen Fußboden.

»Wenn wir beten«, fuhr Jane fort, »sollten wir versuchen, an Gott zu denken und nicht an Spielen oder irgendetwas anderes. Gott weiß, was wir denken, und wenn wir an Dinge denken, an die wir nicht denken sollten, gefallen wir ihm nicht. Aber Gott liebt es, wenn seine Kinder zu ihm beten.«

Dann betete Jane. Sie bat Gott, Lucy zu segnen und ihr beim Lesen und beim Auswendiglernen der

Bibelverse zu helfen und ihr ein neues Herz zu geben – ein Herz, das Gott liebt und ihm gehorcht. Auch für sich betete sie um Gottes Hilfe und Gnade, um auf seinen Wegen zu gehen und zu bleiben.

»Danke«, sagte Lucy mit feuchten Augen. »Hoffentlich vergibt Gott mir, wie böse ich war. Glaubst du wirklich, dass Gott mir zuhört, wenn ich bete?«

Auch Janes Augen wurden feucht von Tränen.

»Oh ja! Gott wird dir zuhören und dir vergeben. Wegen Jesus Christus. Jesus hat selbst gesagt ›Lasst die Kinder zu mir kommen und haltet sie nicht davon ab! Denn solchen gehört das Reich Gottes‹« (Markus 10,14).

»Auch Kindern wie mir?«, fragte Lucy.

»Ja, Lucy«, lächelte Jane.

Nachdem Jane gegangen war, begann Lucy sofort, die Küche zu wischen. Sie wurde sehr schön sauber. Es machte sie glücklich zu wissen, dass sie ihrer Mutter eine Hilfe sein konnte. Aber als Mrs. Jackson später die Treppe herunterkam, war sie schlecht gelaunt und schimpfte Lucy wegen aller möglichen Dinge aus, für die sie gar nichts konnte. Lucy hätte ihre Mutter am liebsten wütend angeschrien, aber sie erinnerte sich daran, dass Gott das nicht gefallen würde. Also sagte sie nichts und machte ihrer Mutter still das Frühstück.

So verging einige Zeit. Jane kam jeden Morgen vor der Schule vorbei. Lucy hatte dann schon die Jungs angezogen und versorgt und das Haus sah jeden Tag ein bisschen besser aus. Sogar Lucys Vater gefiel es, dass es zu Hause jetzt aufgeräumter und sauberer war.

Nachdem es ungefähr zwei Monate so gegangen war, sagte Jane an einem Samstag: »Jetzt kannst du ein bisschen lesen. Ich glaube, du kannst morgen mit mir zur Sonntagsschule gehen.«

»Ich weiß nicht, ob meine Mutter das erlauben würde«, sagte Lucy. »Wer soll sich um meine Brüder kümmern, wenn ich nicht zu Hause bin?«

»Lass uns zu meiner Großmutter gehen«, schlug Jane vor.

Also gingen die beiden Mädchen zusammen mit Lucys Brüdern den kurzen Weg zu Jane.

»Jane hat mir erzählt, was für ein nettes Mädchen du geworden bist, Lucy«, sagte die Großmutter, nachdem sie ihr erzählt hatten, dass Lucy mit zur Sonntagsschule gehen wollte. »Ich werde zu deiner Mutter gehen und sie fragen, ob du zur Sonntagsschule gehen darfst. Dein Bruder Johnny ist auch schon alt genug, um mitzugehen. Ich werde ihr anbieten, dass ich mich um deine beiden jüngsten Brüder kümmere, während du weg bist.« Mrs. Clark musterte Lucy wohlwollend. »Aber lass mich mal dein Kleid anschauen«, sagte sie. »Zur Sonntagsschule sollten man mit sauberen Sachen gehen.«

»Ich kann mein Kleid waschen, bevor ich heute Abend ins Bett gehe, Mrs. Clark«, antwortete Lucy eifrig. »Und Johnnys Sachen auch.«

»Gut. Dann gehe ich jetzt gleich zu deiner Mutter

und spreche mit ihr. Ich bin bald wieder zurück«, lächelte Mrs. Clark.

Ungeduldig warteten die Kinder auf Mrs. Clarks Rückkehr. Endlich kam sie zurück.

»Lucy und John, eure Mutter ist einverstanden. Ihr dürft gehen. Ich kümmere mich morgen um die beiden Kleinen.«

Lucy weinte fast vor Freude und dankte Mrs. Clark immer wieder für ihre Freundlichkeit.

»Gern geschehen, meine Kleine«, antwortete Mrs. Clark. »Nun geh nach Hause und zeige deiner Mutter, wie dankbar du bist. Hilf ihr, so gut du kannst.«

Lucy tat, was die alte Dame ihr gesagt hatte. Sie dankte ihrer Mutter mit Worten und auch tatkräftig, und bevor sie ins Bett ging, wusch sie ihre Kleidung. Sie dachte auch daran, Gott dafür zu danken, dass er ihr so nette Freunde gegeben hatte.

Am Sonntagmorgen wachte Lucy sehr früh auf. Sie war ganz aufgeregt. Pünktlich kam sie mit ihren Brüdern bei Jane an. Mrs. Clark begrüßte sie und lächelte allen freundlich zu. Bevor sich die drei Kinder auf den Weg machten, ermahnte sie sie: »Lernt, so viel ihr könnt. Seid leise und hört gut zu. Nach der Sonntagsschule werdet ihr in den Gottesdienst gehen. Ich möchte euch deshalb erklären, welche Bedeutung der Sonntag hat und warum wir an diesem Tag in die Gemeinde gehen.«

Lucy, Johnny und Jane hörten aufmerksam zu, als die alte Frau weitersprach.

»Unser guter und gnädiger Gott hat uns geboten, dass wir an einem Tag in der Woche uns besondere Zeit nehmen, ohne uns mit Sorgen und Arbeit zu plagen. Wir sollen uns als Gläubige versammeln, um sein Wort zu hören und ihn anzubeten. Er hat Sündern versprochen, sie durch seinen Sohn Jesus Christus zu retten. Wenn wir im Gottesdienst sind, unterhalten wir uns nicht, sondern wir richten unsere Gedanken auf Gott und sein Wort. Wir sollten Gott bitten, den Pastor und seine Predigt zu segnen. Wir müssen Gott bitten, dass er durch sein Wort an unseren Herzen wirkt, damit wir zu Mitarbeitern seines Reiches werden.«

Lucy und ihr Bruder Johnny waren so tief beeindruckt, dass Lucy sagte, sie traue sich nun gar nicht mehr, überhaupt zum Gottesdienst hinzugehen. Da umarmte Mrs. Clark sie und schlug vor, dass sie zusammen beten. Nach dem Gebet fühlte Lucy sich viel besser und sie machten sich auf den Weg zur Sonntagsschule. Lucy und Johnny stellten unterwegs viele Fragen über Gott und Jesus, den Heiligen Geist und die Gemeinde. Jane gab sich große Mühe, all die Fragen zu beantworten und im Nu waren sie angekommen.

Nachdem sie im Sonntagsschulraum Platz genommen hatten, kam auch schon Miss North herein. Als erstes begrüßte sie Lucy und Johnny. »Ich hoffe, dass ihr jetzt jede Woche kommt«, lächelte sie.

Miss North kannte Lucys Familie. Die junge Frau hatte die Familie zusammen mit ihrem Vater, dem Pastor, schon mehrmals besucht und sich bemüht, sie in die Gemeinde einzuladen. Jetzt schenkte sie Lucy und Johnny ein Bilderbuch mit Geschichten aus der Bibel, das sie ihren kleinen Brüdern vorlesen sollten. Lucy lächelte sie dankbar an und versicherte ihr, dass sie sehr gut auf das Buch aufpassen würde.

Als die Sonntagsschule und der Gottesdienst vorbei waren, gingen die Kinder in Gedanken versunken nach Hause. Lucy bedankte sich bei Mrs. Clark dafür, dass sie auf ihre Brüder aufgepasst hatte und die alte Dame versprach ihr, dass sie das am nächsten Sonntag gern wieder tun würde.

Stolz zeigten Lucy und Johnny ihren Eltern das neue Buch. Ihre Mutter beachtete es gar nicht, aber ihrem Vater Mr. Jackson gefiel es. Er hatte das veränderte Verhalten seiner Tochter bemerkt und ihm war auch aufgefallen, welch bemerkenswerte Auswirkung das auf die kleinen Jungs und den Haushalt hatte. Als Lucy an diesem Abend ins Bett ging, dankte sie Gott dafür, dass sie in den Gottesdienst gehen und dort so viele wundervolle Dinge hatte hören dürfen.

Am Mittwochmorgen besuchte Pastor North Familie Jackson. Lucy machte gerade Besorgungen und ihre Brüder spielten im Garten. Der Pastor sprach sehr direkt und ehrlich mit den Eltern.

»Ich bin mir sicher, dass Ihnen die Veränderung ihrer Tochter aufgefallen ist«, sagte er. »Doch das liegt wohl nicht an Ihnen oder Ihrem Bemühen. Als Eltern haben Sie die Pflicht, Ihren Kinder die Wahrheiten Gottes beizubringen. Am Tag des Gerichts werden Sie

Gott Rechenschaft dafür ablegen müssen, wofür Sie Ihre Zeit verwendet haben, und auch für die Worte, die Sie gesprochen haben. Denken Sie bitte über die Ewigkeit nach. Es ist sehr ernst. Ich bete für Ihre Seelen und für die Ihrer Kinder.«

Mr. Jackson legte den Kopf in die Hände, denn die Worte des Pastors hatten ihn sehr berührt. Aber Mrs. Jackson sah verärgert aus.

»Ich habe ganz ehrlich mit Ihnen beiden gesprochen«, fuhr der Pastor fort. »Das tue ich nicht, um Sie zu verunsichern. Ich möchte Sie in Liebe ermahnen. Suchen Sie die Gnade Gottes, kehren Sie von der Sünde um und glauben Sie an Jesus Christus. Wenn Sie ihn lieben, ihn um Vergebung und Gnade bitten und wirklich zu ihm umkehren, wird Gott Ihnen Freund, Beschützer und sichere Zuflucht sein. Sein Segen wird sie immer begleiten, von jetzt an bis in Ewigkeit.«

Mr. Jackson musste weinen, aber Mrs. Jackson wendete sich ab. Als Reverend North aufstand, um zu gehen, begleitete Mr. Jackson ihn zur Tür, ohne ein Wort herausbringen zu können.

»Denken Sie darüber nach, Thomas«, sagte Reverend North sanft. »Ich werde Sie bald wieder besuchen.«

Mr. Jackson ging in seine Werkstatt und dachte über die Worte des Pastors nach. Danach versuchte er eine Zeitlang sehr ernsthaft, ein besserer Ehemann und Vater zu werden. Aber schlechte Gewohnheiten abzulegen ist schwer. Vor allem, wenn man es aus eigener Kraft versucht, ohne Gott um Hilfe zu bitten. Und so dauerte es nicht lange, bis Mr. Jackson in seine alte Lebensweise zurückfiel. Wie früher verbrachte er wieder die meiste Zeit in der Kneipe. Nur manchmal, wenn Lucy ihn bat, nicht in die Kneipe zu gehen, oder wenn Reverend North zu Besuch kam, schaffte er es, der Versuchung zu widerstehen und zu Hause zu bleiben.

Lucys Mutter weigerte sich strikt, über die Worte des Pastors nachzudenken. Wenn Lucy oder ihr Vater von Gott sprachen, wurde sie wütend. Manchmal hatten Lucys Eltern furchtbaren Streit, wenn Mr. Jackson seiner Frau zu erklären versuchte, dass sie ihr Leben ändern müsse. Die Kinder zitterten dann immer vor Angst und Mr. Jackson wäre am liebsten aus dem Haus und direkt wieder in die Kneipe gelaufen. Aber Lucy sprach dann immer freundlich mit ihm über Gott und seine Gnade, und ermutigte ihn, Gott zu bitten, ihnen zu helfen. Das beruhigte ihren Vater, so dass er auf sein Gewissen hörte und zu Hause blieb. Manchmal las Lucy ihm auch aus der Bibel oder aus einem guten Buch vor, das sie von Miss North bekommen hatte. Auf diese Weise hielt Lucy ihren Vater oft von schlechter Gesellschaft fern und durch die Gnade Gottes begann er, sich ernsthaft Gedanken zu machen.

Einige Zeit später wurde Mrs. Jackson sehr krank. Lucy machte sich große Sorgen. Sie flehte ihre Mutter an, den Arzt kommen zu lassen. Aber Mrs. Jackson wollte nichts davon wissen, dass ihr Leben in Gefahr war. Sie hatte große Angst vor dem Tod, deshalb redete sie sich ein, dass es ihr bald wieder besser gehen würde.

Nach mehreren Wochen holte Lucys Vater schließlich trotzdem den Arzt. Seine Frau hatte ständige Schmerzen, was sie ungeduldig und leicht reizbar machte. Nachdem der Arzt Mrs. Jackson untersucht hatte, sagte er Mr. Jackson, dass es keine Hoffnung auf Heilung gab und seine Frau nicht mehr lange zu leben habe.

Obwohl Mr. Jackson bereits wusste, dass seine Frau sehr krank war, schockierten ihn diese Worte zutiefst. Er ging sofort zu Reverend North und bat ihn, mit seiner Frau zu beten. Reverend North kam sehr bald und sprach mit Mrs. Jackson über Sünde, Vergebung und den Herrn Jesus Christus.

»Nein!«, rief sie ärgerlich. »Erzählen Sie mir nichts von Umkehr und Buße. Es ist zu spät. Ich kann nicht mehr auf Gnade hoffen, denn ich war eine furchtbare Sünderin. Ich habe meine Familie vernachlässigt und jetzt bestraft Gott mich mit dieser furchtbaren Krankheit. Ich wage es nicht, auf Gnade zu hoffen.«

Als Lucy ihre Mutter so sprechen hörte, weinte sie, als ob es ihr das Herz bräche.

»Oh, Lucy«, sagte Mrs. Jackson. »Du hast keinen Grund, traurig zu sein. Du hast den richtigen Weg gewählt. Gott wird dein Freund sein und dich hier und in der kommenden Welt segnen. Vergiss nie, wie deine arme Mutter sterben musste, und lerne daraus, dich von den bösen Wegen, die im ewigen Tod enden, fernzuhalten.«

Bald darauf konnte Mrs. Jackson nicht mehr sprechen. Es hatte auch den Anschein, dass sie die flehenden Bitten von Reverend North und Lucy, doch noch umzukehren, nicht mehr hören konnte. Einige Tage später starb sie. Hatte sie am Ende doch noch Vergebung gefunden? Nur Gott weiß es.

Auf Mr. Jackson hatte der schockierende Tod seiner Frau eine so starke Wirkung, dass er durch Gottes Gnade ein anderer Mensch wurde. Er ging nie wieder in die Kneipe, sondern stattdessen regelmäßig zum Gottesdienst. Er belehrte seine Kinder ausgiebig über Gott und arbeitete fleißig, um seine Familie zu ernähren. Aus ihm wurde ein Mann, der die Gemeinschaft mit Gott suchte und für seine Mitmenschen ein Vorbild war.

Doch nach einiger Zeit wurde auch er krank. Lucy und ihre Brüder, aus denen mittlerweile Jugendliche geworden waren, taten, was sie konnten, um Geld zu verdienen. Dabei vertrauten sie Gott, der für alles, was sie brauchten, sorgen würde. Die Jacksons hatten jetzt als gläubige Familie ein hohes Ansehen im Dorf. Es war nicht ungewöhnlich, Mr. Jackson abends mit seinen Kindern zusammensitzen zu sehen. Sie hörten dann Lucy zu, wenn sie aus der Bibel oder aus einem guten Buch vorlas, das ihnen jemand geliehen hatte. Danach beteten und sangen sie zusammen und sprachen miteinander davon, wie Gott ihre Herzen und Leben durch seine Gnade verändert hatte.

Jane kümmerte sich liebevoll um ihre Großmutter bis zu ihrem Tod. Als Jane erwachsen war, wurde sie Sonntagsschullehrerin. Sie heiratete einen liebenswerten, gottesfürchtigen Mann und gemeinsam brachten beide ihren Kindern alles über Gott und ein Leben mit ihm bei.

Jane und Lucy blieben gute Freundinnen und Lucy vergaß nie, Gott für Jane zu danken. Denn durch Jane hatte sie zum Herrn Jesus gefunden.

Frage: Wie reagiert Jane am Anfang der Geschichte auf Lucys gemeines Verhalten?

Schriftlesung: 2. Mose 33,7-11; Sprüche 17,7; 18,24 und Jakobus 4,4.

Anregungen zum Gebet

✶ Bete für Freunde und Familienangehörige, die den Herrn nicht kennen und nicht über die Ewigkeit nachdenken.

❖ Bitte Gott, dir bewusst zu machen, dass dein jetziges Leben eines Tages ein Ende haben wird. Erkenne an, dass er der Herr auch über dein Leben ist und bitte ihn, dir zu zeigen, was wirklich wichtig ist.

4. Der Einfluss der Schwester

Der achtjährige Tommy hatte gelernt zu fluchen. Wenn er Schimpfworte hörte, prägte er sie sich immer sehr gut ein, um seine Mitmenschen bei der nächstbesten Gelegenheit damit zu schockieren.

Eines Tages hörte ein Nachbar, wie Tommy fürchterlich fluchte. Da Tommys Eltern zu einem Termin weggefahren waren, entschloss sich der Nachbar, mit Tommys Schwester zu sprechen, die auf ihren kleinen Bruder aufpassen sollte. Katie war sehr traurig, als sie hörte, was der Nachbar über ihren jüngsten Bruder berichtete.

»Hörst du eigentlich zu, wenn ich dir jeden Tag Geschichten aus der Bibel erzähle, Tommy?«, fragte sie ihn. »Gott gefällt es nicht, wenn du fluchst. Er wird dich bestrafen, wenn du nicht aufhörst und ihn um Vergebung bittest. Ich werde mit Papa darüber sprechen müssen, Tommy.«

Das machte dem kleinen Jungen Angst. »Nein! Sag es nicht Papa! Er wird dann wütend! Katie, sag es ihm bitte nicht!«

Tommy weinte so sehr, dass es Katie schließlich leidtat. »Hör zu, Tommy. Wenn du mir versprichst, nie wieder zu fluchen, sage ich Papa nichts.«

Tommy zögerte. »Einverstanden«, murmelte er schließlich widerwillig.

Tommy hielt sein Versprechen und fluchte nie wieder. Aber als er älter wurde, verbrachte er viel Zeit mit Freunden, die sich furchtbar benahmen – und fluchten. Aber obwohl Tommy sich ansonsten kein bisschen besser benahm als sie, fluchte er niemals.

Aus dem kleinen »Tommy« wurde »Tom«. Als Tom vierzehn Jahre alt war, dachte Katie, dass es an der Zeit sei, mit ihm darüber zu sprechen, dass er von neuem geboren werden musste. Katie war mittlerweile schon verheiratet, und Tom war für eine Woche zu Besuch gekommen. Also sprach die große Schwester mit ihrem Bruder darüber, wie unsicher und gefährlich das Leben ist. Sie erklärte ihm, dass unsere Herzen immer härter werden, je länger wir den Herrn Jesus ablehnen, und dass es eine Freude ist, zum Herrn Jesus zu gehören. Aber Tom lachte nur.

»Erzähl mir nichts davon, Katie«, sagte er. »Warum sollen wir uns jetzt mit Religion plagen? Ich warte, bis ich erwachsen bin und im Leben etwas erreicht habe. Dann entscheide ich mich.«

Katie bat ihren Bruder sehr, ihr zuzuhören, aber es hatte keinen Zweck. Er lachte sie aus. »Für dich mag das ja in Ordnung sein. Aber ich bin jung und will das Leben genießen.«

»Also gut, mein lieber Bruder«, sagte Katie schließlich. »Du kennst die Wahrheit und du bist gewarnt worden. Ich bete, dass dir nicht eines Tages gesagt werden muss, wie es in Psalm 50,17 steht: ›Du hast ja die Belehrung abgelehnt und meine Worte verworfen‹.« Dann verließ sie weinend den Raum.

Tom ging nach draußen und pfiff im Gehen eine lustige Melodie. Aber die Tränen seiner Schwester konnte er doch nicht ganz vergessen. Auch nicht, dass sie ihn gewarnt hatte. Besonders ihre letzten Worte – dieser Bibelvers – gingen ihm nicht aus dem Kopf.

Zwei Jahre vergingen. Obwohl es den Anschein hatte, dass Tom seinen sorglosen Lebensstil einfach beibehielt, dachte er doch oft an die Worte seiner Schwester. Vor allem an den Vers aus den Psalmen, den sie zitiert hatte. Manchmal fragte er sich, ob Gott ihn vielleicht durch einen plötzlichen Tod oder etwas in der Art bestrafen würde, und das machte ihm Angst. In solchen Momenten fragte er sich, ob es nicht doch gut wäre, mehr über Gott zu erfahren.

Katie hatte während dieser Zeit nicht mehr mit Tom über Gott gesprochen, aber sie betete jeden Tag für ihn. Eines Tages stand Tom unangekündigt vor ihrer Tür und wollte sie besuchen. Katie war sehr überrascht. Mittlerweile war er sechzehn Jahre alt und dafür bekannt, ein besonders draufgängerischer junger Mann zu sein.

Aber der junge Kerl, dem Katie an diesem Tag begegnete, war eher verunsichert und ängstlich. Sie wagte es kaum zu hoffen, dass Gott begonnen hatte, an seinem Herzen zu wirken. Aber genau so war es.

»Katie, ich weiß nicht, was ich machen soll«, platzte Tom heraus. »Ich kann nicht aufhören, an diese

Worte aus den Psalmen zu denken, die du mir vor zwei Jahren gesagt hast. Ich habe versucht, in der Bibel, die Mama mir geschenkt hat, zu lesen, aber darin stand immer nur etwas über Gottes Gericht über die Sünder. Und als ich über Gottes Liebe und Barmherzigkeit gelesen habe, konnte ich mir einfach nicht vorstellen, dass Gott mir vergeben kann, nachdem ich ihn so oft abgelehnt habe.«

Katie betete innerlich um die richtigen Worte. Dann las sie mit ihrem Bruder in der Bibel und betete für ihn. Sie ermutigte ihn, nach Gottes Vergebung zu suchen. Sie zeigte ihm Bibelstellen, die von der überfließenden Gnade Gottes handeln: »Denn groß ist deine Gnade über den Himmel hinaus, und bis zu den Wolken deine Treue« (Psalm 108,5). »Wer ist ein Gott wie du, der Schuld vergibt und Vergehen verzeiht dem Rest seines Erbteils! Nicht für immer behält er seinen Zorn, denn er hat Gefallen an Gnade« (Micha 7,18).

Tom blieb mehrere Wochen bei seiner Schwester. Er nutzte die Zeit, um die Bibel zu studieren, zu beten und mit seiner Schwester und ihrem Mann zu sprechen. Der Herr segnete diese Zeit und es gefiel ihm, Toms Sünden durch seine Gnade zu vergeben und ihm ein neues Herz zu schenken.

Kinder, habt keine Angst davor, mit euren Geschwistern über Gott zu sprechen. Es könnte sein, dass der Herr Jesus eure Worte gebraucht, um an ihnen zu wirken, damit sie von der Sünde zu ihm umkehren. Bittet den Herrn, euch und euren Geschwistern ein neues Herz zu geben. Ein Herz, das Gott mehr liebt als alles andere und den Nächsten liebt wie sich selbst.

Frage: Wie hat Katie ihren Bruder gewarnt? Zu welcher Zeit sollen wir nach 1. Petrus 3,15 bereit sein, anderen unseren Glauben (die »Hoffnung, die in uns ist«) zu bezeugen (»Rechenschaft zu geben«)?

Schriftlesung: Matthäus 10,19; Lukas 21,15 und 2. Korinther 2,13.

Anregungen zum Gebet

✶ Bete, dass du einen guten Einfluss auf andere hast und dass dein Leben anderen zeigt, wie wir nach Gottes Willen leben sollen.

❖ Bitte Gott darum, dass du künftig ein offenes Ohr und Herz für die hast, die ihn lieben und ihm folgen. Bitte ihn, dir zu vergeben, dass du Belehrungen aus Gottes Wort abgelehnt hast.

5. Die verlorene Tochter

Mr. Southerlands Tochter Abby war vor einiger Zeit von zu Hause ausgezogen. Abbys Mutter war gestorben, als sie erst acht Jahre alt war. Sie hatte fünf Geschwister. Alle Geschwister und ihr Vater waren Kinder Gottes, aber seit sie sechzehn war, hatte Abby die Warnungen und Bitten ihres Vaters immer entschiedener in den Wind geschlagen.

Mr. Southerland betete täglich für Abby. Es machte ihn traurig, dass sie Gott nicht liebte. Nach vielen Gebeten beschloss er eines Tages, seine Kinder zusammenzurufen, damit alle gemeinsam für Abby beteten.

Es wurde eine feierliche Stunde. Die Geschwister beteten sehr ernsthaft für ihre Schwester; der Vater rang mit Gott um die Errettung seiner geliebten Tochter. Sie beteten, dass Gottes Wort in ihrem Herzen wirken und sie zur Umkehr zu Gott bewegen möge.

Und wie verbrachte Abby ihren Abend? Sie befand sich weit weg von ihrer Familie und hatte natürlich keine Ahnung, dass ihre Geschwister und ihr Vater gerade ihretwegen Gott anflehten. Eigentlich hatte Abby vorgehabt, an diesem Abend mit ihren Freunden zu einer Party zu gehen. Aber weil sie stark erkältet war, musste sie zu Hause bleiben. So kam es, dass sie, während ihre Familie für sie betete, krank im Bett lag und in einem der Briefe ihres Vaters las.

Gott segne dich, mein Kind, und mache dich durch Jesus Christus zu seinem Kind.

Diese einfachen Worte trafen sie plötzlich wie ein Blitz. Durch Jesus Christus ein Kind Gottes! Abby wusste, dass ihr Vater älter wurde. Eines Tages würde er sterben, und dann würde sie keinen irdischen Vater mehr haben. Wenn sie tatsächlich einen himmlischen Vater haben könnte, wie glücklich wäre sie! Nur, wie sollte das gehen?

»Ich muss beten«, dachte sie.

Sie kniete sich neben ihr Bett. Plötzlich war sie so überwältigt von dem Wissen über ihre Sünden, dass ihr einige Minuten lang einfach nichts einfiel, was sie hätte sagen können. Irgendwann kam ihr ein Vers, den sie aus der Kindheit kannte, in den Sinn und sie rief: »O Gott, sei mir Sünder gnädig!« (Lukas 18,13).

So stieg das Gebet der Familie zusammen mit Abbys Flehen um Vergebung zu Gottes Thron auf.

Vier Tage später überbrachte eine seiner Enkelinnen Mr. Southerland einen Brief.

»Von wem ist er?«, fragte der alte Mann, denn er war fast blind.

»Von Tante Abby«, antwortete das kleine Mädchen.

»Abby, mein liebes Kind!«, rief er erstaunt.

Mit zitternden Händen öffnete Mr. Southerland den Brief. Dann bat er eine seiner Töchter, ihm den Brief vorzulesen. Die ersten Worte, die Abby geschrieben hatte, lauteten: *Lieber Vater, Gott hat meine Seele gerettet.*

»Preis sei Gott!«, rief Mr. Southerland. »Gesegnet sei sein heiliger Name! Die Versprechen des Herrn sind wahr; der Herr ist treu. ›Zum Herrn rief ich in meiner Not, und er erhörte mich. Er erfüllt das Verlangen derer, die ihn fürchten. Ihr Schreien hört er, und er hilft ihnen.‹ (Psalm 120,1 und 145,19). Gott hat sein Versprechen gehalten. ›Und es wird geschehen: Ehe sie rufen, werde ich antworten; während sie noch reden, werde ich hören‹ (Jesaja 65,24).«

Abby zog wieder nach Hause und verbrachte dort einige sehr segensreiche Jahre mit ihrem Vater, bis er starb. Und da Gott jetzt Abbys Vater im Himmel war, fühlte sie sich nicht einsam, denn sie dachte an den Vers: *Und ich will euch aufnehmen, und ich will euch ein Vater sein, und ihr sollt mir Söhne und Töchter sein, spricht der Herr, der Allmächtige* (2. Korinther 6,17-18).

Frage: An wessen Gebet aus der Bibel hat sich Abby erinnert und genauso gebetet, als sie Gott um Vergebung bat?

Schriftlesung: 1. Mose 45,21-25.

Anregungen zum Gebet

✶ Danke Gott dafür, dass er deine Gebete hört und erhört. Danke ihm dafür, dass er weiß, was wir brauchen, bevor wir ihn bitten. Danke ihm dafür, dass er Liebe ist und uns gern das Vorrecht gibt, direkt mit ihm zu sprechen.

❖ Bitte Gott, dir all deine Sünden zu vergeben, auch die Sünde des Unglaubens.

6. Wie es Großvater immer macht

Jakob und Anna und ihr kleiner Sohn Johann lebten in Deutschland in der Stadt Bergheim. Johann hatte einen gläubigen Großvater, was ein Segen für ihn war, denn Großvater betete für ihn, seit er geboren worden war. Großvater wählte für ihn den Namen »Johann« und sagte: »Möge Gott ihn hier in der Zeit und in alle Ewigkeit lieben.«

Großvater kam häufig, um den kleinen Johann zu besuchen. Oft legte er ihm dabei die Hände auf und sprach: »Der Herr segne dich und behüte dich wie seinen eigenen Augapfel.« Diese Gebete sollten eines Tages erhört werden.

An Großvaters sechzigstem Geburtstag besuchte Johann ihn mehrere Tage mit seinen Eltern. Johann freute sich sehr, den ganzen Tag mit seinem Großvater zu verbringen. Sein Vater musste zwischendurch nach Hause gehen und auf seinem Bauernhof arbeiten, aber er versprach, am Abend zurück zu sein. Allerdings zog ein furchtbares Gewitter auf, das es ihm unmöglich machte, wiederzukommen. Darum mussten Johann und seine Mutter bei Großvater übernachten. Johann freute sich sehr, aber seine Mutter fühlte sich bei Großvater nicht wohl.

Als es Abend wurde, kamen alle zusammen.

Großvater öffnete seine große Bibel und las ein Kapitel daraus vor. Dann betete er von ganzem Herzen ernsthaft und kindlich zugleich. Anschließend ging jeder zu Bett.

Am nächsten Morgen ging Anna mit ihrem Sohn Johann wieder heim. Es war ein herrlicher Sommertag und es war wunderschön, durch die Wälder zu wandern. Johann liebte Blumen und ging selten an ihnen vorbei, ohne sie anzuschauen. Heute aber ging er so still und ernst hinter seiner Mutter her, als ob es keine einzige Blume zu sehen gäbe. Anna war auch nicht gerade in Gesprächslaune. Sie fühlte sich unwohl, aber sie wusste nicht warum.

Plötzlich blieb Johann stehen, sah zu seiner Mutter auf und fragte sie: »Mama, warum macht Papa es nicht so, wie es Großvater immer macht?«

Seine Mutter verwirrte das etwas. »Warum gehst du nicht weiter und schaust nach den Blumen?«, schlug sie vor und ging weiter.

So gingen sie stumm ihres Weges, aber Johann dachte nicht an Blumen. Bald gelangten sie auf den Gipfel eines Hügels, von wo aus sich ihnen eine schöne Aussicht auf die weite Landschaft bot. Anna setzte sich, um etwas auszuruhen, und Johann setzte sich neben sie. »Mama«, sagte er zum zweiten Mal, »warum macht Papa es nicht so, wie es Großvater immer macht?«

Anna wurde ungeduldig. »Nun,« antwortete sie in einem ziemlich scharfen Ton, »was macht Großvater immer?«

Johann sagte: »Er nimmt die Bibel, liest daraus vor und betet.«

Seine Mutter wurde rot. »Das musst du Papa schon selber fragen«, antwortete sie.

Als sie zu Hause ankamen, war der Vater nicht da. Er war zur Ernte auf ein weit entferntes Feld gegangen und würde vor dem Abend nicht zurück sein. Johanns Mutter wusste das und dachte, sie könnte ihren Jungen früh zu Bett bringen. Sie hoffte, er würde seine Frage am nächsten Morgen vergessen haben.

Aber da irrte sie sich. Als sie ihn fürs Bett ausziehen wollte, sagte er: »Mama, bitte lass mich warten, bis Papa nach Hause kommt.«

Um acht Uhr abends kam der Vater heim. Johann rannte direkt auf ihn zu und fragte: »Papa, warum machst du es nicht so, wie es Großvater immer macht?«

Sein Vater sah ihn erstaunt an. Diese Frage hatte er nicht erwartet. »Wovon redest du, Johann?«, fragte er. »Geh jetzt zu Bett; es ist spät.«

Johann sagte nichts und ging betrübt zu Bett. Als er am nächsten Morgen aufstand, war er noch trauriger. Er war ein ganz anderes Kind als sonst. Er saß still und traurig am Frühstückstisch, hielt die Hände gefaltet und den Kopf gebeugt. Er hatte seine Milch nicht angerührt. »Was ist los, Johann? Warum isst du nicht?«, fragte seine Mutter.

Johann schwieg.

Nach einer kleinen Weile fragte sie wieder: »Was ist los, mein Sohn?« Er sah seine Mutter für einen Augenblick sehr traurig an und beugte wieder den Kopf. Sein Vater und seine Mutter waren mit dem Essen fertig und seine Mutter räumte den Frühstückstisch ab. Sie fragte ihn ein drittes Mal: »Johann, sag mir doch, was dich bedrückt!«

Da antwortete der Junge: »Ich möchte so gerne beten, Mama, aber keiner will mit mir beten. Ich schätze, ich muss wohl alleine beten.«

Das war zu viel für Anna. Ihr kamen die Tränen. Sie eilte ins Nebenzimmer, um ihrem Mann zu berichten, was das Kind gesagt hatte. Aber er hatte es selbst gehört, denn die Tür stand offen. Sein Gewissen war getroffen. »Johann hat Recht«, sagte er, »und wir haben Unrecht.« Dann fielen beide zum ersten Mal in ihrer Ehe auf die Knie. Sie beteten mit nur wenigen Worten, aber schluchzend und bußfertig – ganz so, wie einst der Zöllner in Lukas 18 gebetet hatte: »Gott, sei uns Sündern gnädig!«

Von diesem schönen Tag an musste der kleine Johann nicht mehr alleine beten. Vater und Mutter begannen nun, ihre Knie vor dem Herrn zu beugen und ihn um seine Gnade und Vergebung anzuflehen. Sie baten ihn, dass er ihnen ein neues Herz geben und ihnen und ihrem Kind die Gnade schenken möge, von nun an ganz für ihn zu leben.

Betest auch du so gerne wie der kleine Johann? Du musst Gott dankbar dafür sein, wenn ihr zu Hause eine Familienandacht habt, und aufmerksam daran teilnehmen.

Frage: Wer hat zur gleichen Zeit gebetet wie der Zöllner aus dem Lukasevangelium? Siehe in Lukas 18,9-14. Welchen Rat gibt Gott den Familien durch diese Schriftstellen: Joel 1,3 und 5. Mose 6,6-7?

Schriftlesung: 2. Chronik 7,14; Jeremia 29,13; Markus 11,24; Jakobus 5,16; 1. Johannes 3,22.

Anregungen zum Gebet

✶ Bete, dass Gott dir den echten Wunsch gibt, zu ihm zu beten und mehr über ihn zu lernen. Bitte ihn, dass du richtig zu beten lernst.

❖ Bitte Gott dir klarzumachen, dass echtes Gebet nicht nur aus Worten besteht, sondern ein echtes Reden zu Gott ist und ein Suchen nach ihm, dem liebevollen Erlöser.

7. Der blinde Charles

Charles Graham war der Sohn armer, aber gottesfürchtiger Eltern. Er war ein lebhaftes und intelligentes Kind. Weil er von Natur aus ein freundliches und gütiges Wesen hatte, war er bei seinen Freunden beliebt und auch seine Familie liebte ihn sehr. Doch kurz bevor er neun Jahre alt wurde, geschah in Charles' Leben ein sehr schlimmer Unfall: Er zerbrach versehentlich eine Flasche mit Schwefelsäure und wurde durch diesen Unfall vollständig blind.

Charles und seine Familie waren unendlich traurig, als der Arzt ihnen sagte, dass Charles sein Augenlicht für immer verloren hatte. Aber gleichzeitig nahmen die Eltern dieses schwere Leid auch als einen besonderen Weg an, auf dem ihr Sohn zum Herrn geführt werden konnte. Charles hörte aufmerksam zu, als seine Mutter mit ihm über sein sündiges Herz sprach und ihm erklärte, wie wichtig es ist, von neuem geboren zu werden, um ins Reich Gottes zu kommen. Sie erzählte ihm von der Liebe des Erlösers und von seinem Leiden, von seinem Tod am Kreuz, seiner siegreichen Auferstehung und seiner Himmelfahrt. Auch von seiner Liebe für die Armen und Kranken berichtete sie, von seiner rettenden Gnade für die verlorenen Sünder, die zu ihm kommen. Der Herr segnete die Worte der Mutter und als Charles knapp dreizehn Jahre alt war, bekehrte er sich, um Jesus zu folgen.

Die Eltern waren sehr glücklich über Charles' Bekehrung. Aber sie machten sich auch Sorgen. Während andere Kinder spielten oder Bücher lasen, konnte Charles lediglich mit Kindern sprechen. Und das ging auch nur, wenn sie ihn besuchten. Charles beklagte sich nie, aber seine Eltern wünschten sich sehr für ihn, dass er in eine Schule gehen und etwas lernen konnte.

Eines Tages hörten Mr. und Mrs. Graham von einem Blindeninstitut und sie beschlossen, Charles dort anzumelden. In dieser Schule lernte Charles, die Blindenschrift namens Braille und ihm wurde beigebracht, wie er selbständig viele sinnvolle kleine Tätigkeiten im Alltag ausüben konnte. Charles war überglücklich, lesen zu können. Besonders freute er sich, dass er nun auch das Wort Gottes studieren konnte. Als er wieder nach Hause kam, war seine Lieblingsbeschäftigung das Bibellesen. Er hatte ein gutes Gedächtnis und sehr bald konnte er viele Bibelstellen auswendig.

Charles liebte das Lesen in der Bibel, aber er entwickelte auch den brennenden Wunsch, anderen Gutes zu tun. Er beschloss, in seiner Nachbarschaft alle Kranken und die, die nicht lesen konnten, zu besuchen, um ihnen aus der Bibel vorzulesen. Aber als er seinen Eltern von diesen Plänen berichtete, waren sie nicht nur erfreut, sondern auch besorgt.

»Wie willst du das ganz alleine schaffen?«, fragte seine Mutter beunruhigt. »Was ist, wenn du dich verläufst?«

»Hast du dafür gebetet?«, fragte Mr. Graham.

»Ja, ich habe den Herrn gebeten, mir zu helfen, etwas Nützliches für ihn zu tun«, antwortete Charles. »Ich werde ja nicht weit gehen. Mrs. Ferris wohnt nur zwei Häuser weiter. Sie ist alt und kann kaum noch aus dem Haus gehen. Vielleicht freut sie sich, wenn ich sie besuche und ihr aus der Bibel vorlese.«

»Ich frage den kleinen James von nebenan, ob er mit dir gehen kann – zumindest, bis du den Weg kennst«, entschied Mr. Graham.

Alle waren einverstanden. So kam es, dass Charles Leute in seiner Nachbarschaft besuchte und ihnen das Wort Gottes vorlas. Die Menschen waren besonders freundlich zu ihm, weil sie wussten, dass es für ihn nicht einfach war, aus dem Haus zu gehen. Es war anrührend zu sehen, wie der kleine James Charles' Hand hielt, ihn vorsichtig die Gehwege entlangführte und ihm half, die Türen zu finden, an die er klopfen wollte.

Einige der Menschen, die Charles besuchte, waren bereits Kinder Gottes. Andere waren nie in ihrem Leben in eine Gemeinde gegangen. Wieder andere hatten früher einmal einer Kirche angehört, waren aber nicht dauerhaft dem Herrn nachgefolgt. Charles las ihnen vor, erzählte ihnen vom Erlöser und erklärte ihnen auch, wie Jesus Christus Sünder rettet.

Schon bald war Charles sehr beliebt. Die freundlichen Worte und seine sanfte Art taten den Menschen gut. Der Herr segnete, was er tat.

In Charles' Nachbarschaft gab es einen Mann, mit dem niemand es je gewagt hätte, über den Glauben zu sprechen: Mr. Jones. Er war ein alter Seemann und seine Sprache strotzte nur so von Flüchen und Schimpfwörtern. Alle versuchten ihm möglichst aus dem Weg zu gehen.

Einmal ging Charles abends an Mr. Jones' Haustür vorbei und hörte ihn drinnen ein fürchterlich sündiges Lied singen. Charles blieb stehen. Aus irgendeinem Grund verspürte er Mitleid für diesen gottlosen Mann. Er tastete nach der Tür und klopfte.

»Wer ist da?«, rief Mr. Jones.

Charles fragte höflich, ob er hereinkommen dürfe.

Mr. Jones ließ ihn rein. Er fand Charles wegen seiner Blindheit interessant und stellte ihm alle möglichen Fragen. Er bat darum, sich seine Bibel in Blindenschrift ansehen zu dürfen und betrachtete sie sehr genau.

»Diese kleinen Knubbel kannst du wirklich lesen?«, staunte er.

»Ja, Sir«, lächelte Charles. »Ich habe eine Weile gebraucht, bis ich es konnte, aber ich bin froh, dass ich mir die Mühe gemacht habe.«

»Lies mal ein Kapitel. Ich will sehen, wie das geht.«

Innerlich betend suchte Charles ein Kapitel aus und las es Mr. Jones vor. Als es zu Ende war, sprach er mit dem alten Seemann über die Gefahr, in der er sich befand und erklärte ihm, dass Christus der Retter der Sünder ist. Mr. Jones war berührt durch die Liebe, die Charles ihm entgegenbrachte und bat ihn, bald wieder zu Besuch zu kommen.

Charles freute sich. Er betete viel für Mr. Jones und besuchte ihn jeden Tag, um ihm vom Herrn Jesus zu erzählen und ihm aus der Bibel vorzulesen. Und schließlich wurde Mr. Jones gläubig und von neuem geboren. Gott gab ihm ein neues Herz. Seine Sünden waren durch das Blut Jesu Christi weggewaschen. Er schimpfte und fluchte nicht mehr, sondern sprach viel von seinem Erlöser und über das Wunder seiner Bekehrung zu Gott. Er ging regelmäßig in die Gemeinde und diente dem Herrn treu bis an sein Lebensende.

Doch Charles ging es nicht gut. Der Säure-Unfall, durch den er sein Augenlicht verloren hatte, hatte auch noch andere Auswirkungen auf seine Gesundheit. Mit der Zeit wurde er immer schwächer und kränker und irgendwann wurde es so schlimm, dass er ganz im Bett bleiben musste. Er sprach immerfort von der Liebe Gottes, vom Herrn Jesus Christus und darüber, wie sehr er den Trost des Heiligen Geistes durch die Bibel brauchte. Seine letzten Stunden verdeutlichten, dass er diese Welt überwunden hatte. »Komm Herr Jesus, komm schnell«, waren seine letzten Worte.

Bist du ein Kind Gottes? Dienst du Gott auf irgendeine Weise? Es ist nicht gut, den ganzen Tag untätig oder mit nutzlosen Dingen zu verbringen wie die unbeschäftigten Tagelöhner in Matthäus 20,6. Bitte den Herrn, dir eine Aufgabe zu geben, denn: *Es kommt die Nacht, da niemand wirken kann* (Johannes 9,4).

Wenn du nicht zu Gott bekehrt bist: Bist du dir im Klaren darüber, wie sehr sich deine gläubigen Eltern, Freunde oder Prediger um deine Seele sorgen? Und natürlich sollte dir dein Seelenzustand vor allem auch selber Sorgen bereiten! Denn was wäre, wenn du am Ende sagen müsstest: *Die Ernte ist vorüber, der Sommer ist zu Ende, und wir sind nicht gerettet! … Ist denn kein Heilmittel da und kein Arzt? Warum ist mein Kind nicht gesund geworden?* (nach Jeremia 8,20-22).

Frage: Wie hat Charles es geschafft, Mr. Jones aus der Bibel vorzulesen? Liest du auch so gerne und so oft in der Bibel wie Charles?

Schriftlesung: Prediger 9,10; Matthäus 20,1-16.

Anregungen zum Gebet

✶ Danke Gott dafür, dass er dir ein neues Herz gegeben und dich von neuem geboren hat. Bete, dass diese Veränderung auch nach außen für andere sichtbar wird.

❖ Bitte Gott, dass er aus dir, einem verlorenen Sünder, einen begnadigten und erretteten Sünder macht. Bedenke, dass Jesus durch seinen Kreuzestod für Sünder der einzige Weg der Errettung ist.

8. Bob, der Schiffsjunge

An Bord eines englischen Segelschiffes arbeitete ein Junge namens Bob. Seine Aufgabe war es, dem Kapitän in jeder erdenklichen Weise zu dienen. Das war keine leichte Arbeit, denn dieser Kapitän war so böse, dass selbst die härtesten Mitglieder der Besatzung ihn längst leid waren. Er behandelte sie so schlecht, dass einige Seeleute sogar planten, ihn umzubringen. Allerdings kamen sie nicht mehr dazu, ihren Plan in die Tat umzusetzen, denn der Kapitän wurde plötzlich sehr krank.

Der erste Offizier des Schiffes übernahm das Kommando und die Seeleute machten wieder ihre Arbeit – und niemand kam auf den Gedanken, sich um den kranken Kapitän zu kümmern. Bob, der Schiffsjunge, konnte wenig für den Kapitän tun, denn er arbeitete jetzt für den ersten Offizier, und der hielt ihn ständig auf Trab.

Zuerst hatte Bob gedacht, dass der Kapitän nur eine vorübergehende Krankheit hatte, von der er sich bald erholen würde. Aber nach ein paar Tagen merkte er, dass der Kapitän ernsthaft krank war. Bob war noch sehr jung und es ging ihm nahe, wie sehr der Kapitän litt. Er machte sich Sorgen, weil sich niemand um den Kapitän kümmerte. Deshalb beschloss er, den Kapitän bei der nächsten Gelegenheit zu besuchen.

Nach dem Abendessen klopfte Bob leise an der Kapitänskajüte. Vorsichtig öffnete er die Tür. »Käpt'n?«, flüsterte er. »Wie geht es Ihnen?«

»Was geht es dich an«, knurrte der Kapitän. »Mach, dass du rauskommst.«

Zitternd schloss Bob die Tür wieder und ging. Als er an diesem Abend neben seinem Bett kniete, betete er für den Kapitän. Er bat Gott, ihm Mut zu geben, wenn er ihn das nächste Mal besuchte.

Am nächsten Morgen ging er wieder zur Kapitänskajüte.

»Käpt'n? Geht es Ihnen etwas besser?«, fragte Bob.

Der Kapitän schien überrascht, Bob zu sehen. »Bob, was machst du schon wieder hier? Ich dachte, ich hätte dich gestern vergrault.« Der Kapitän holte langsam Luft, bevor er weitersprechen konnte. »Ich hatte eine furchtbare Nacht«, gab er dann zu.

»Lassen Sie mich Ihnen helfen«, drängte Bob. »Ich kann Ihnen die Hände und das Gesicht waschen, dann geht es Ihnen besser.«

Der Kapitän nickte schweigend.

»Ich hole Ihnen saubere Bettwäsche und Kleidung«, schlug Bob vor, nachdem er seine Arbeit erledigt hatte.

Vorsichtig half Bob dem Kapitän wieder in sein Bett. Die Freundlichkeit des Jungen machte das Herz des Kapitäns etwas weicher. Ihm stiegen Tränen in die Augen.

»Danke, Bob«, sagte er leise.

Seit diesem Tag besuchte Bob den Kapitän, so oft er konnte. Doch der Gesundheitszustand des Kapitäns wurde nicht besser, sondern von Tag zu Tag schlechter.

Der Kapitän begann, über die Ewigkeit nachzudenken. »Bob, ich sterbe. Ich fürchte um meine Seele. Ich habe Angst davor, in die Hölle zu kommen. Ja, ich verdiene die Hölle – ich war ein so furchtbarer Sünder. Ich bin ein verlorener Mensch«, sagte er einmal, als Bob den Raum betrat.

»Aber Käpt'n«, antwortete Bob. »Jesus Christus kann Sie retten.«

»Nein, Bob. Ich glaube nicht, dass ich gerettet werden kann. Was für ein Sünder ich doch war! Was soll nur aus mir werden?«

Bob tat, was er konnte, um den Kapitän zu ermutigen und zu trösten, aber alles war umsonst.

»Nächstes Mal bringe ich meine Bibel mit«, versprach Bob.

Am nächsten Morgen kam Bob mit seiner Bibel auf Krankenbesuch. Der Kapitän lächelte. »Du muss mir vorlesen, Bob«, sagte er. »Ich möchte wissen, ob ein böser Mensch wie ich gerettet werden kann und wenn ja, wie das gehen soll.«

»Was soll ich lesen?«, fragte Bob.

»Ich weiß nicht. Ich habe die Bibel nie gelesen. Versuche doch, eine Stelle zu finden, wo etwas über Sünder steht und wie sie gerettet werden können.«

Der Junge las zwei Stunden lang vor, während ihm der Kapitän wissbegierig zuhörte wie jemand, der an der Schwelle zur Ewigkeit steht. Jedes einzelne Wort schien etwas mehr Licht in seine Gedanken zu bringen, und zu seinem eigenen Erstaunen begann er, über Sünde völlig anders zu denken als je zuvor. Doch obwohl der Kapitän aus der Bibel viel über das Problem der Sünde hörte, verstand er immer noch nicht, wie Gott denn einen Sünder wie ihn retten konnte. Die ganze Nacht dachte er über die Bibelstellen nach, die Bob ihm vorgelesen hatte, aber sie machten ihn ängstlich und traurig.

»Oh, Bob, ich werde nicht mehr erleben, dass wir Land erreichen«, jammerte der Kapitän am nächsten Morgen, als Bob seine Kajüte betrat. »Ich werde schon sehr bald sterben. Es dauert nicht mehr lang, dann müsst ihr meinen Leichnam über Bord werfen. Aber das Sterben an sich macht mir keine Angst. Nur um meine Seele habe ich Angst! Ich werde für immer verloren sein. Kannst du nicht mit mir beten? Bitte bete für deinen armen, bösen Kapitän.«

Der Junge zögerte, tat dann aber, worum ihn der Kapitän gebeten hatte. Er kniete sich neben das Bett und bat Gott, sich über seinen armen, sterbenden Kapitän zu erbarmen. Das einfache, ehrliche Gebet berührte den Kapitän tief und er fügte ein eigenes kurzes Gebet hinzu: »O Gott, sei mir, dem Sünder gnädig«. So betete einst auch der bußfertige Zöllner in Lukas 18,13.

Am Abend las Bob dem Kapitän wieder aus der Bibel vor. Der Kapitän schien jedes Wort in sich aufzusaugen.

Als Bob am nächsten Morgen in die Kajüte kam, bemerkte er eine Veränderung auf dem Gesicht seines Kapitäns. Verzweiflung und Traurigkeit waren verschwunden und an ihre Stelle war etwas wie eine heilige Ruhe getreten.

»Bob, mein lieber Junge«, sagte der Kapitän. »Ich hatte eine wundervolle Nacht. Nachdem du gegangen warst, habe ich über alles, was ich aus der Bibel gehört habe, nachgedacht. Ich dachte an den Herrn Jesus Christus, wie er am Kreuz blutete, und ich betete: ›Jesus, du Sohn Davids, hab Erbarmen mit mir!‹ Und ich dachte an seine Worte: ›Sei getrost, mein Sohn, deine Sünden sind dir vergeben!‹ (Matthäus 9,2). Was für ein Wunder! Er hat mir meine Sünden vergeben! Ich kann an seine Verheißungen glauben. Sein Blut hat sogar jemanden wie mich gereinigt! Jetzt hab ich keine Angst mehr zu sterben.«

Bob hörte ihm mit einem Kloß im Hals zu. »Ich freue mich sehr für Sie, Käpt'n«, sagte er. »Aber ich werde Sie vermissen, wenn Sie nicht mehr da sind.«

»Sei nicht traurig, Bob«, lächelte der Kapitän. »Du warst gut zu mir, obwohl ich keine Güte verdient habe. Dafür wird Gott dich belohnen. Du warst ein Werkzeug in Gottes Hand, um mich zu retten. Er hat dich zu mir geschickt. Gott segne dich, mein lieber Junge. Es tut mir sehr leid, dich in einer so bösen Welt mit so bösen Seeleuten zurücklassen zu müssen. Ich bete, dass du vor den Sünden bewahrt wirst, in die ich mich verstrickt habe. Diene dem Herrn solang du jung bist, Bob. Verschwende nicht dein Leben, so wie ich es getan habe.«

Dann bat der Kapitän Bob, die Besatzung an sein Bett zu holen. Einen nach dem anderen bat der Kapitän um Vergebung für seine Grausamkeiten und sein falsches und böses Verhalten. Er sprach mit ihnen über den Herrn Jesus Christus, der auch den größten Sünder retten kann.

Am nächsten Morgen ging Bob zur Kapitänskajüte und öffnete leise die Tür. Es sah aus, als würde der Kapitän noch schlafen. Aber als Bob näher an sein Bett herankam, sah er, dass der Kapitän gestorben war. Sein Geist war zum Schöpfer zurückgekehrt, wie es in Prediger 12,7 steht. Bob war traurig, seinen neuen Freund verloren zu haben. Aber er freute sich auch, wenn er an den Kapitän dachte, der jetzt zu seinem Erlöser gegangen war.

Liebe Kinder, es ist das Beste, den Herrn zu suchen und ihm zu dienen, wenn ihr noch jung seid. Wenn ihr dem Herrn von Jugend an folgt, wird euch viel Sünde und Kummer erspart bleiben. Sünde bringt keine Freude, sondern Schmerz und Unglück und sie hat immer schlimme Folgen. Nur die, die den Herrn kennen und lieben, haben echte Freude und Frieden. Die Welt macht viele Versprechungen: Spaß, Unterhaltung, Vergnügen, Zufriedenheit und Wohlstand. Aber Gott bietet uns in Jesus Christus ewige Freude an, die nie vergeht oder verblasst: Frieden, Glück, Liebe, Vergebung und ewiges Leben. Seid nicht töricht und kehrt Gott nicht den Rücken zu. Wendet euch zu ihm und bittet ihn, euer Leben durch seine Gnade neu zu machen. Ein solches Gebet wird er niemals abweisen.

Frage: Was geschah mit dem Geist des Kapitäns, als er starb?

Schriftlesung: Prediger 12.

Anregungen zum Gebet

✶ Bitte Gott, dir zu zeigen, wie du ihm dienen sollst. Bete für die, die ihm als Gemeindehirten oder Prediger dienen und für ihre Frauen und ihre Familien. Bete auch für andere Gemeindemitarbeiter, besonders für die Kinderstundenleiter.

❖ Bitte um Vergebung dafür, dass du Zeit verschwendet hast, anstatt sie Gott zu geben. Bete, dass du den Wunsch bekommst, Gott ganz zu gehören und ihm dein Leben ganz zu unterwerfen.

9. Weihnachten im Holzfällerlager

Vor langer Zeit segelte ein Schiff von Schottland nach Amerika. Die Passagiere an Bord waren Menschen, die ihre Heimat verließen und hofften, in Amerika, der »Neuen Welt«, ein besseres Leben beginnen zu können.

Unter ihnen waren Mr. und Mrs. Thompson mit ihrem kleinen Sohn Robert. Der junge Vater war fest entschlossen, in dem unbekannten Land ein ganz neues Leben zu beginnen.

Als das Schiff anlegte, machten sich die Thompsons gleich mit ihren wenigen Habseligkeiten auf den Weg aus der Hafenstadt heraus, um nach einer kleinen Farm für sich zu suchen. Schon nach wenigen Tagen fanden sie eine Farm, die zum Verkauf stand – genau das, was sie gesucht hatten. Der Kauf war schnell abgewickelt und Mr. Thompson machte sich mit Begeisterung an die Arbeit. Felder mussten gepflügt und Bäume gerodet werden, sie hatten Tiere zu versorgen und ein Haus und eine Scheune mussten errichtet werden.

Aber das Familienglück dauerte leider nicht lang. Mr. Thompson wurde sehr krank und starb bald darauf. Anna Thompson war jetzt in einem fremden Land eine Witwe, die ganz allein ein kleines Kind und eine ganze Farm zu versorgen hatte. Das war eine beängstigende Situation.

Aber Anna wusste, was zu tun war. Sie sprach mit dem Herrn über alle ihre Sorgen und Ängste, und Gott erhörte und versorgte sie. Die Nachbarn waren sehr freundlich und halfen, wo sie konnten. Als Robert älter wurde, übernahm er nach und nach die Arbeit und schon bald bewirtschaftete er fast ganz allein die Farm, von der sein Vater immer geträumt hatte.

Anna liebte ihren Sohn und sie verbrachten eine glückliche Zeit. Die tägliche Arbeit erledigten sie mit Freude und an den Abenden las Anna Robert aus der Bibel vor. Sie erklärte ihm, was Sünde ist, und dass er errettet werden muss. Als Robert noch ein Kind war, hörte er immer aufmerksam zu und stellte viele Fragen. Aber als er älter wurde, freundete er sich mit einem Nachbarjungen an, dessen Familie nicht an Gott und seinen Geboten interessiert war. Mit großem Kummer beobachtete Anna, dass Robert diese Leute bewunderte und anfing, ihrem Beispiel zu folgen. So ernst sie Robert auch warnte, wollte er nicht auf sie hören. Wenn er ein schlechtes Gewissen bekam, verdrängte er es einfach, und obwohl er seine Mutter liebte und respektierte, ging er auf diesem Weg weiter. Es war ein Weg, der ihn von Gott wegführte. Bis zu ihrem Tod betete Anna sehr viel für Robert, doch es hatte den Anschein, dass ihre Gebete unerhört blieben.

Nach dem Tod seiner Mutter scherte sich Robert immer weniger um Gott. Er trank und fluchte und pfiff auf Gottes Gebote. Schließlich landete er im Gefängnis. Er redete sich ein, dass ihm das überhaupt nichts ausmachte, und das machte sein Herz noch härter.

Aber trotz seines fürchterlichen Lebenswandels war Robert ein liebenswürdiger junger Mann. Mit der Zeit gelang es ihm, das Vertrauen des Gefängniswärters zu gewinnen, und als eine Gruppe von Gefangenen, die sich in der Haft vorbildlich verhalten hatten, in ein Holzfällerlager fahren durfte, war auch Robert dabei.

Während seiner Arbeit im Holzfällerlager hatte Robert Zeit, nachzudenken. Er versuchte, nicht an seine Mutter zu denken, die ihn unter Tränen vor seinem falschen Weg gewarnt hatte. Denn diese Gedanken verurteilten ihn und er mochte es nicht, sich schuldig zu fühlen. Aber die Erinnerung an die Abende, die sie zusammen mit dem Studieren des Wortes Gottes verbracht hatten, weckte sein Gewissen doch auf. Lang vergessene Bibelstellen, die er als Kind auswendig gelernt hatte, kamen ihm wieder in den Sinn. Aber das machte ihn überhaupt nicht froh.

In der Stadt, viele Meilen vom abgelegenen Holzfällerlager entfernt, wohnte der Prediger Reverend Craig. Seine Aufgabe war es, regelmäßig die Holzfällerlager im Wald zu besuchen. Alle paar Wochen, wenn das Wetter gut war, sattelte der Pastor sein Pferd und machte sich auf den Weg zu den Strafgefangenen. Er ritt von Lager zu Lager durch den dichten Nadelwald. Dabei musste er auf den schmalen Pfaden, die sich an den Berghängen über tiefe Schluchten schlängelten, sehr vorsichtig sein. In den Lagern verkündigte er das Wort Gottes auf einfache, aber direkte Weise. Reverend Craigs größter Wunsch war es, die Herzen dieser rauen, einsamen Männer zu erreichen, denn auch sie hatten Seelen, die für die Ewigkeit geschaffen waren. Deshalb betete er viel für die Häftlinge.

Weihnachten stand vor der Tür und Reverend Craig machte sich ein weiteres Mal auf den Weg zu den Holzfällerlagern. Dandy, sein schwarzes Pferd, war vor einen Schlitten gespannt, auf dem der Prediger in warme Felle eingewickelt saß. Es war ein sehr schöner Wintertag. Dicke weiße Flocken schwebten lautlos dem schneebedeckten Waldboden entgegen und kleine Waldtiere sprangen hier und da schnell aus dem Weg, wenn der lautlos gleitende Schlitten ihnen zu nahe kam. Ein paar Mal musste Reverend Craig anhalten, um herabgefallene Äste aus dem Weg zu räumen.

Schließlich erreichte er nach zweitägiger Reise Roberts Holzfällerlager, wo man ihn herzlich begrüßte. Freudig nahmen Gefangene und Wachpersonal die Geschenke entgegen, die die Frau von Prediger Craig in weiser Voraussicht für alle eingepackt hatte. Einige der Männer sprachen mit dem Prediger über Jesus, den Erlöser, den sie durch ihn kennen und lieben gelernt hatten. Der Reverend freute sich, dass einige von ihnen durch ihre Worte und Taten zeigten, dass sie nun zu Gott gehörten.

Nach einem einfachen Abendessen aus Eintopf und Brot versammelten sich alle Arbeiter des Lagers in einem kahlen Blockhaus, das abwechselnd als Speisesaal und Versammlungsraum diente. Einer der Männer, die dort auf die Predigt warteten, war Robert Thompson.

Der Prediger las die bekannte Geschichte von Jesu Geburt vor. Dann erklärte er den Männern, warum es so wichtig ist, dass Gott seinen geliebten Sohn in die Welt gesandt hat und weshalb Jesus in Bethlehem geboren werden und auf Golgatha sterben musste. Er sprach darüber, wie unwürdig sie alle waren, dieses wunderbare Geschenk zu empfangen und dass auch er selbst ein unwürdiger Sünder sei.

Dann begann Reverend Craig spontan davon zu erzählen, wie er selbst einmal zum Glauben gefunden hatte. »Als ich jung war, sprach meine Mutter mit mir über die Geschichten aus der Bibel und über den Herrn Jesus«, begann er. »Aber nachdem sie gestorben war, vergaß ich alles wieder, was ich über Gott und seine Gebote gelernt hatte. Ich lebte lange so, ohne nach Gott zu fragen, bis der Herr mich stoppte. Da merkte ich, dass meine Sünden so groß waren wie ein Berg. Es gab für mich keinen Frieden, denn diesen Berg voller Sünden konnte ich unmöglich wieder loswerden.

Dann ging ich an einem Sonntag in eine Gemeinde. Der Pastor predigte über Matthäus 1,21, wo der Engel zu Josef über Maria sagt: *Sie wird aber einen Sohn gebären, und du sollst ihm den Namen Jesus geben, denn er wird sein Volk retten von ihren Sünden.* In diesem Moment erkannte ich, dass es doch einen Weg gab, gerettet zu werden: durch Jesus, Gottes Geschenk an die Menschheit. Jesus Christus, der König der Könige, rettete mich von meinen Sünden. Und er kann euch auch retten! Ihr seid nicht zu schlecht oder zu alt oder zu jung, um gerettet zu werden. Jesus rettet Sünder!«

Reverend Craig senkte den Kopf. »Lasst uns beten«, sagte er. Die Männer senkten ebenfalls die Köpfe und falteten die Hände. Einige fielen in aufrichtiger Buße auf die Knie. Aber Robert blieb still auf seinem Stuhl sitzen. Er war unfähig, sich zu bewegen. Reverend Craigs Geschichte hätte seine eigene sein können – zumindest der erste Teil. Auch er, Robert, hatte das, was seine Mutter ihm aus der Bibel beigebracht hatte, abgelehnt, und auch er hatte jetzt das Gefühl, dass seine Sünden groß waren wie ein Berg, der zwischen ihm und Gott aufragte. Robert kam sich vor, als würde er von einem großen Fluss der Schuld davongerissen werden und ertrinken.

Verständlicherweise schlief Robert in dieser Nacht sehr schlecht.

Am nächsten Morgen bereitete Reverend Craig sich darauf vor, wieder aus dem Lager abzureisen. Er war gerade auf seinen Schlitten gestiegen, als Robert auf ihn zukam.

»Robert«, sagte der Prediger freundlich. »Was kann ich für dich tun?«

Robert sah ängstlich aus. »Ist das wirklich wahr, was Sie uns gestern Abend erzählt haben?«, fragte er.

Der Prediger verstand sofort, worum es ging, und betete innerlich um die richtigen Worte. »Meinst du, als ich sagte, niemand ist zu schlecht, um gerettet zu werden?«

Robert nickte. Reverend Craig konnte in Roberts Augen erkennen, wie sehr sich dieser verzweifelte Sträfling nach einer Hoffnung sehnte.

»Hör zu, Robert. Jesus selbst hat gesagt, dass er nicht für die Gerechten gekommen ist, sondern um die Sünder zur Umkehr zu rufen.«

Robert zögerte. »Aber gilt das auch für jemanden wie mich?«

»Mr. Thompson«, antwortete Reverend Craig ernst. »Ich weiß nur, dass das für Sünder gilt, die sich vor Gott demütigen und denen ihre Sünde leidtut. Bist du ein Sünder?«

Ein schmerzgeplagter Ausdruck huschte über Roberts unglückliches Gesicht. »Aber Sie wissen nicht, wer ich wirklich bin! Sie wissen nicht, was ich getan habe!«, jammerte er.

»Sag das nicht mir! Sag es dem Herrn, der eh alles weiß!«, rief Reverend Craig. »Hab keine Angst, ihm dein Herz auszuschütten, Robert«, fügte er sanft hinzu.

Robert sagte nichts mehr und Reverend Craig trieb sein Pferd an. Dandy war noch keine zehn Schritte getrabt, als er Robert hinter sich rufen hörte: »Wenn das, was Sie sagen, nicht die Wahrheit ist, dann bin ich für immer zur Hölle verdammt!«

Reverend Craig hielt Dandy an, drehte sich um und rief zurück: »Wenn das, was ich dir gesagt habe, nicht die Wahrheit ist, dann sind wir alle für immer zur Hölle verdammt. Wenn Christus keine Sünder rettet, sind alle Menschen verloren, sogar die, die an Jesus Christus geglaubt haben.«

Der Prediger nahm die Zügel wieder auf und Dandy zog den Schlitten weiter. Bevor er um die erste Wegbiegung fuhr, schaute er noch einmal zurück und sah einen wunderschönen Anblick: Robert Thompson kniete im Schnee und betete flehend!

Reverend Craig fuhr weiter in den Wald hinein; er musste nicht nach dem Ergebnis dieses Gebetes fragen, denn er war mit Gott sehr gut vertraut und wusste, dass er ein gnädiger Gott ist, der die Gebete von bußfertigen Sündern erhört. Er war sich ganz sicher: Wenn er Robert das nächste Mal begegnet, wird Robert ihm sagen können: *Gelobt sei Gott, der mein Gebet nicht abgewiesen noch seine Gnade von mir gewendet hat!* (Psalm 66,20).

Und er war fest davon überzeugt, dass die Engel im Himmel Loblieder sangen, weil dieser Sünder sein Herz vor Gott ausgeschüttet hatte.

Frage: Warum musste Reverend Craig nicht nach dem Ergebnis von Roberts Gebet fragen?

Schriftlesung: Johannes 3,1-21.

Anregungen zum Gebet

✶ Danke Gott dafür, dass man nicht zu schlecht sein kann, um gerettet zu werden und dafür, dass er dich zur Umkehr gerufen hat.

❖ Bitte Gott, dir zu verdeutlichen, dass du ein Sünder bist, der gerettet werden muss.

10. Die Familienandacht

Eines Morgens wollte sich Mr. Watson gerade auf den Weg zur Arbeit machen, als ihm einfiel, dass an diesem Abend ein Mitarbeiter von einem anderen Standort der Firma zu Besuch kommen wollte, um mit ihm geschäftliche Dinge zu besprechen. Deshalb informierte er noch schnell seiner Frau und die Kinder über den Besuch, denn dieser Mr. Cole wollte auch bei ihnen übernachten.

»Hat er Kinder?«, fragte sein Sohn Michael.

»Ja, er hat eine kleine Tochter«, antwortete Mr. Watson. »Aber sie bleibt zu Hause bei der Mutter.«

»Ist er ein Christ?«, wollte Anna wissen.

»Ich fürchte nein«, sagte Mr. Watson. »Er ist ein netter Mensch, aber kein Christ.«

»Das ist wirklich schade«, meinte Mrs. Watson. »Menschen, die den Herrn Jesus nicht lieben, sind keine glücklichen Menschen.«

Nach der Arbeit kam Mr. Watson mit Mr. Cole nach Hause und alle aßen gemeinsam. Nachdem das Essen beendet war, brachte Michael seinem Vater die große Familienbibel.

»Mr. Cole«, sagte Mr. Watson, »wir haben als Familie die Gewohnheit, nach dem Abendessen eine Familienandacht zu halten. Sie sind herzlich eingeladen, dabei zu sein, aber wenn es Ihnen lieber ist, können Sie auch gern im Wohnzimmer auf uns warten.«

»Ich würde gern bleiben, wenn es Ihnen recht ist«, lächelte Mr. Cole.

Mr. Watson las ein Kapitel aus der Bibel vor und danach sang und betete die Familie zusammen.

Die Geschäftsbesprechungen zogen sich länger hin als geplant, deshalb blieb Mr. Cole mehrere Tage bei den Watsons, bevor er wieder nach Hause zu seiner Familie reiste.

Danach hörten die Watson mehrere Jahre nichts von Mr. Cole. Bis es eines Abends an ihrer Tür klopfte. Mrs. Watson machte auf. »Mr. Cole! Wie schön, Sie wiederzusehen! Kommen Sie rein«, rief sie.

Die Familie begrüßte Mr. Cole freundlich und Mr. Watson fragte, wie es ihm denn geht.

»Ich habe einen kleinen Umweg in Kauf genommen, weil ich Sie wirklich noch einmal besuchen wollte«, sagte Mr. Cole nach einer Weile. »Es wird Sie sicher freuen zu hören, dass ich mittlerweile durch die Gnade Gottes ein Christ geworden bin.«

Die Watsons freuten sich ungemein über diese Neuigkeit und wollten wissen, wie es dazu gekommen war. Mr. Cole fuhr fort: »Alles begann mit meinem Besuch hier bei Ihnen. Als ich bei Ihrer Familienandacht dabei sein konnte, war es für mich das erste Mal seit Jahren, dass ich Gottes Wort hörte und betete. Meine Mutter war sehr gottesfürchtig, aber sie starb bereits, als ich neun Jahre alt war. Mein Vater war kein Christ und heiratete bald nach dem Tod meiner Mutter eine Frau, die ebenfalls nicht gläubig war. Ich dachte, ich hätte alles vergessen, was meine Mutter mir beigebracht hatte, aber als ich damals bei Ihnen war und Sie aus der Bibel vorlesen und zum allmächtigen Gott beten hörte, war alles wieder da. Ich habe meine Mutter sehr geliebt und ich erinnerte mich wieder an die vielen glücklichen Momente mit ihr.

Als ich nach Hause kam, kaufte ich mir eine Bibel und begann sie zu lesen. Ich fing an, mit meiner Familie zum Gottesdienst zu gehen. Ich bat Gott, dass ich von neuem geboren werde und mir zu helfen, so ein Ehemann und Vater zu werden, wie Sie es sind, Mr. Watson.

Zuerst sah es aus, als würde Gott meine Gebete nicht erhören. Ich war verzweifelt. Meine Sünden machten mir so zu schaffen, dass ich manchmal nachts nicht schlafen konnte. Aber dann erinnerte mich der Heilige Geist an eine Bibelstelle, die meine Mutter oft zitiert hatte: *Das Blut Jesu Christi, seines Sohnes, reinigt uns von aller Sünde* (1. Johannes 1,7). Mir wurde klar, dass der Herr seine Verheißungen erfüllt und jetzt bin ich ein wirklich glücklicher Mensch.«

Diese Geschichte erinnert an einen Vers aus dem Propheten Jesaja:

Ich freue mich sehr in dem Herrn, und meine Seele ist fröhlich in meinem Gott; denn er hat mir Kleider des Heils angezogen, mit dem Mantel der Gerechtigkeit mich bekleidet, wie ein Bräutigam sich den priesterlichen

Kopfschmuck anlegt und wie eine Braut sich mit ihrem Geschmeide schmückt (Jesaja 61,10).

Frage: Wodurch wurde Mr. Cole dazu geführt, wieder zu Gott umzukehren? Es ist gut, Gott zu fürchten und zu ehren, auch wenn andere es nicht tun. Maleachi 3,16-18 sagt uns, dass Gott derer gedenkt, die ihn fürchten. Als was bezeichnet Gottes Wort die Gerechten in Vers 17?

Schriftlesung: Josua 24,14-28.

Anregungen zum Gebet

- ✶ Danke Gott, dass du durch den Herrn Jesus kein Sünder mehr bist und Gott dich in Jesu Gerechtigkeit gekleidet sieht.
- ❖ Bitte Gott, dir zu verdeutlichen, wie du ohne Jesus zu ihm stehst und dich demütig zu machen, damit du ihn und seine Rettung annehmen kannst.

11. Den Armen geben, heißt dem Herrn leihen

In einer kleinen Stadt in Neuengland bat eines Morgens ein armer Mann seinen Pastor um Geld. Der Pastor fragte seine Frau, ob sie etwas übrig hätten, das sie dem Mann geben könnten.

»Das hier ist alles, was wir haben«, antwortete seine Frau. »Achtundvierzig Cent.«

»Hab Glauben an Gott«, sagte der Pastor aufmunternd. »Er kann uns achtundvierzig Dollar anstelle der achtundvierzig Cent geben!«

Dieser Pastor war ein fröhlicher Geber! Ungefähr eine Stunde später kam ein wohlhabender Freund des Pastors mit einem seiner Dienstboten zu Besuch. Dieser Freund wohnte weit entfernt und war in die Stadt gekommen, um Geschäfte zu erledigen. Er besuchte den Pastor und seine Frau, um bei ihnen etwas zu essen. Als alle beim Mittagstisch zusammensaßen, fiel diesem Freund auf, wie traurig und niedergeschlagen die Frau des Pastors wirkte. Er fragte sie nach dem Grund, aber sie wich der Frage aus und verließ kurz darauf den Raum. Dann fragte der Besucher seinen Freund, den Pastor, ob sie vielleicht Geld brauchten. Der Pastor antwortete nicht und lächelte nur.

Sobald der feine Herr mit seinem Dienstboten allein war, fragte er diesen, ob er Geld bei sich habe und

wenn ja, wie viel. Beide schauten in ihren Geldbörsen nach. Der reiche Mann hatte genau fünfundvierzig Dollar im Geldbeutel, sein Diener hatte drei. Der Reiche hoffte, noch irgendwo zwei Dollar zu finden, damit er dem Pastor die runde Summe von fünfzig Dollar geben konnte. Aber mehr hatten sie nicht bei sich.

Der wohlhabende Mann nahm also die achtundvierzig Dollar und gab sie dem Pastor.

»Mein Freund, ich bin mir sicher, dass ihr ein wenig Unterstützung gut gebrauchen könnt. Ich hätte dir gern fünfzig Dollar gegeben, aber das hier ist alles, was ich dabei habe.«

Der Pastor war überwältigt und sprachlos vor Freude. Er legte das Geld auf den Tisch, um nachzuzählen, dann rief er seine Frau herzu.

»Schau dir an, wie schnell Gott gehandelt hat! Er hat nicht einmal den Tag zu Ende gehen lassen, bevor er uns durch unseren lieben Freund achtundvierzig Dollar gegeben hat. Achtundvierzig Dollar für die achtundvierzig Cent, die wir heute Morgen dem armen Mann geschenkt haben!«

Sie erklärten auch ihrem Freund, was geschehen war, und auch dieser war hocherfreut, zu erfahren, dass er nicht mehr und nicht weniger gegeben hatte, als das, was nötig gewesen war, um dem Pastor hundertfältig zu erstatten, was er dem Armen an jenem Morgen so fröhlich und freigebig geschenkt hatte. Sie alle dankten Gott und lobten ihn mit demütigen, freudigen Herzen.

Frage: Das Wievielfache von dem verschenkten Geld zahlte Gott dem Pastor zurück? Wie viel Prozent wären das an »Zinsen«?

Schriftlesung: Markus 10,28-30.

Anregungen zum Gebet

✶ Danke Gott für das Geschenk, das er uns in seinem Sohn, dem Herrn Jesus Christus, gegeben hat. Lobe ihn für den unschätzbaren Wert dieses Geschenkes, für das wir nie etwas zurückzahlen können. Danke ihm dafür, dass er dieses Geschenk Sündern gegeben hat, die es nicht verdienen.

❖ Bitte Gott, dir ein reines Herz und Glauben an ihn zu geben, sowohl für dein Leben auf der Erde als auch für dein ewiges Leben. Bitte ihn dir klarzumachen, dass du durch eigene Werke dein Herz nicht verbessern kannst.

12. Gottes Werk behindern

In einer großen Stadt gab es einen Firmeninhaber, der zu einem seiner Freunde sagte: »Ich frage mich, warum bisher keiner meiner Angestellten Christ geworden ist. Ich habe ihnen so viel über Gott und den Glauben erzählt. Aber wie es scheint, ist keiner von ihnen daran interessiert.«

»Wenn du mir erlaubst, ehrlich zu sein«, begann der Freund des Chefs vorsichtig, »kann ich dir vielleicht sagen, woran es liegt.«

Der Geschäftsmann war überrascht. »Ja. Sag es mir!«

Der Freund holte tief Luft. »Du weißt, dass du sehr launisch sein kannst. Manchmal schnauzt du deine Angestellten richtig an. Oft schimpfst du sie für Fehler aus, obwohl sie gar keine Schuld haben. Deshalb zweifeln sie daran, dass du ein aufrichtiger Christ bist. Du selbst, mein Freund, bist der Grund dafür, dass sie nicht am Glauben interessiert sind.«

Der Geschäftsmann schwieg eine Weile nachdenklich. Tief in seinem Herzen wusste er, dass sein Freund die Wahrheit gesagt hatte. »Danke, dass du so ehrlich zu mir warst«, antwortete er schließlich traurig.

Er ging nach Hause und kniete sich neben sein Bett. Überführt durch den Heiligen Geist bekannte er seine Sünden und betete um Vergebung. Dann bat er

Gott, ihm zu helfen, seine Launenhaftigkeit zu überwinden und so freundlich, sanftmütig und gerecht zu werden, wie Jesus es auf Erden gewesen war.

Am nächsten Morgen bat der Geschäftsmann alle Angestellten, in sein Büro zu kommen. Mit Tränen in den Augen entschuldigte er sich bei ihnen für seine Launen und bat sie um Vergebung. Er erklärte ihnen, dass er dem Beispiel von Jesus Christus folgen wolle und zum Schluss betete er mit allen.

Seit diesem Tag erlebten die Angestellten nie wieder eine schlechte Laune ihres Chefs, und es dauerte nicht lang, da begannen einige von ihnen, in den Gottesdienst zu gehen und offen für das Evangelium zu werden. Sie respektierten ihren Chef und nahmen seinen Glauben sehr ernst. Sie hatten erlebt, dass Gott Sünde vergibt und den Gläubigen hilft, Sünde und schlechte Neigungen zu überwinden. So steht es in Hebräer 7,25: *Daher kann er auch diejenigen vollkommen erretten, die durch ihn zu Gott kommen, weil er für immer lebt, um für sie einzutreten.*

Frage: Wie kannst du dein Verhalten ändern, wenn es Gottes Werk behindert?

Schriftlesung: Epheser 6,5-9.

Anregungen zum Gebet

✶ Bitte den Herrn Jesus, dich ihm ähnlicher zu machen und dir einen mitfühlenden und liebevollen Charakter zu schenken, durch den andere nicht daran gehindert werden, zu Gott zu kommen.

- ❖ Bete, dass Gott dir hilft, dir Christus, seinen Sohn, als festes Vorbild zu nehmen. Bete, dass du erkennst, dass Jesus der einzige ist, der dir ewiges Leben geben kann. Bitte Gott, dir deine falschen Ausreden abzugewöhnen.

13. Freundlichkeit hilft mehr als man meint

Miss Mason hatte gerade ihre neue Stelle als Lehrerin einer kleinen Schule auf dem Land angetreten. Ihre Mutter war gestorben, als sie noch ein kleines Mädchen war, und auch ihr Vater war leider schon verstorben, kurz bevor sie Lehrerin geworden war. Es war ihre erste Stelle als Lehrerin und sie war sehr nervös. Sie hatte vom schlechten Benehmen einiger der älteren Jungs gehört, deshalb bat sie den Herrn, ihr zu helfen und ihr Kraft und Geduld zu geben.

Joe Stanton galt als der schlimmste Junge der ganzen Gegend. Er war ein Waisenkind und deshalb lebte er bei einer Familie, die sich für ihn nur interessierte, weil er arbeiten konnte. Er war sehr ungezogen und hatte ständig irgendetwas Schlimmes angestellt.

Der erste Schultag lief nicht gut. Joe störte den Unterricht und benahm sich völlig respektlos. Als Miss Mason ihm eine Aufgabe gab, ignorierte er sie einfach. Arme Miss Mason! Sie wusste nicht, was sie tun sollte. Joe war viel größer als sie und sie hatte keine Ahnung, wie sie ihn dazu bringen konnte, auf sie zu hören. Still senkte sie den Kopf und betete innerlich um die allmächtige Hilfe des Herrn.

Als der Schultag zu Ende war, bat sie Joe, ihr beim Aufräumen zu helfen. Zu ihrer Überraschung blieb er tatsächlich noch da. Sie hatten den Klassenraum schnell in Ordnung gebracht und schon bald waren sie bereit, den Heimweg anzutreten.

Auf dem Weg überlegte Miss Mason fieberhaft, worüber sie mit ihm sprechen könnte. »Hast du Geschwister, Joe?«, fragte sie schließlich freundlich.

Ohne es zu wissen, hatte Miss Mason den einzigen wunden Punkt in Joes Herzen berührt. »Ich hatte eine Schwester«, antwortete er leise. »Mary war meine einzige Schwester. Ich habe die meiste Zeit auf sie aufgepasst und mit ihr gespielt. Manchmal habe ich sie in einem Wagen spazieren gefahren, den ich ihr gebaut hatte. Sie hat mich viel mehr geliebt als irgendjemand sonst auf der Welt. Wenn ich nach Hause kam, ist sie mir immer entgegengerannt.« Er machte eine Pause. »Aber jetzt ist sie tot«, fügte er dann leise hinzu. »Und um mich kümmert sich überhaupt niemand mehr. Ihr Grab ist auf dem Friedhof hinter dem Hügel.«

»Würdest du mir ihr Grab zeigen, Joe?«, fragte Miss Mason sanft.

Joe sah überrascht auf. »Möchten Sie das wirklich?«, fragte er.

»Ja, das möchte ich, Joe. Meine Mutter starb, als ich noch ein kleines Mädchen war. Und vor ein paar Wochen ist auch mein Vater gestorben.«

Langsam gingen sie weiter und sprachen über die kleine Mary. Sie kamen zum Grab und setzen sich in der Nähe ins Gras.

Joe hatte auf dem Weg alle Tränen tapfer von seinen Wangen gewischt, eine nach der anderen, aber jetzt schluchzte er laut. »Sie ist tot, Miss Mason, und ich bin niemandem mehr etwas wert.«

»Mir bist du etwas wert, Joe«, sagte die Lehrerin und legte ihm eine Hand auf die Schulter.

Dann erzählte sie ihm vom Herrn Jesus, dem Tröster aller Waisen, und davon, dass Gott »ein Vater der Waisen« ist (Psalm 68,6). Sie erzählte ihm von ihrer Einsamkeit und dass der Herr ihr der wichtigste Freund war. Sie gestand, dass sie das Unterrichten schwierig fand und dass sie dafür die Hilfe des Herrn brauchen würde.

Joe sah sie ernst an. »Miss Mason, ich werde Ihnen helfen. Ich werde alles tun, was ich kann, um Ihnen zu helfen. Es tut mir leid, dass ich heute so ungezogen war.«

»Danke, Joe«, antwortete Miss Mason.

Und genau so geschah es. Joe half Miss Mason, wo er konnte, und als die anderen Schüler sahen, wie freundlich und hilfsbereit er war, folgten sie seinem Beispiel. Die Schüler schlossen ihre Lehrerin sehr ins Herz und sie lernten ihre Lektionen nicht allein aus den Schulbüchern, sondern auch aus der Bibel und durch den Glauben, den ihre Lehrerin ihnen als gutes Vorbild vorlebte.

Frage: Auf welche biblische Bezeichnung Gottes hat Miss Mason Joe hingewiesen, um ihn zu trösten?
Schriftlesung: Johannes 15,12-17; Psalm 68,1-10

Anregungen zum Gebet

- ✶ Bete für Freunde und Familienangehörige, die nahe Verwandte oder liebe Freunde verloren haben. Bitte Gott, dir zu zeigen, wie du ihnen helfen kannst.
- ❖ Bitte den Herrn Jesus, dein bester Freund und Tröster zu werden. Bete, dass er dein Herz verändert, so dass du ihn mehr als alles andere liebst.

14. Kann ich vor Gott fliehen?

Vor vielen Jahren lebte in London ein junger Mann namens John. Er war als Dienstbote bei einer sehr wohlhabenden Familie angestellt. Er verdiente genug, um sich ein angenehmes Leben leisten zu können, und er arbeitete für einen freundlichen Herrn. Nur eines störte ihn: Seine Mutter wohnte in der Nähe und sie kam ihn sehr oft besuchen.

Vielleicht fragst du dich, warum ihm das so viel ausmachte? Der Grund war, dass Johns Mutter ihrem Sohn bei jedem Besuch vom Herrn Jesus erzählte und ihn jedes Mal daran erinnerte, dass er errettet werden musste. Und John fühlte sich immer sehr unwohl, wenn seine Mutter mit ihm über den Tod sprach und darüber, dass man auf das Sterben gut vorbereitet sein müsse. Er wollte einfach nicht hören, dass er von neuem geboren werden musste. Er meinte, als Christ würde sein Leben fürchterlich langweilig werden.

»Mutter«, sagte John schließlich. »Ich halte das nicht mehr länger aus. Wenn du nicht endlich mit diesem Thema aufhörst, werde ich meine Arbeitsstelle kündigen und von hier wegziehen, damit ich mir dieses Gerede nicht mehr anhören muss!«

Das machte Johns Mutter sehr traurig. Aber sie gab trotzdem nicht auf. »Mein Sohn«, sagte sie und sah ihm tief in die Augen. »So lange ich einen Mund habe, werde ich niemals aufhören, mit dir über den Herrn Jesus zu sprechen – und mit dem Herrn Jesus über dich.«

Daraufhin tat John genau das, was er angekündigt hatte. Er schrieb einem Freund, der im schottischen Bergland, den entlegenen Highlands, wohnte, und bat ihn, ihm bei der Arbeitssuche dort zu helfen. John wusste, dass seine Mutter nicht schreiben konnte – und damals gab es noch kein Telefon –, deshalb meinte er, er könne so seiner Mutter entkommen. Er bedauerte es, seinen guten Job in London aufzugeben, aber, so sagte er sich, er brauchte jetzt endlich Ruhe und Frieden.

Bald hatte Johns Freund für ihn Arbeit in den Stallungen eines reichen Gutsbesitzers gefunden. Es kümmerte John nicht, dass seine Mutter merkte, wie froh er darüber war, von ihr wegzukommen. Natürlich war seine Mutter sehr traurig darüber, aber sie wusste auch, dass sie immer noch für ihn beten konnte.

Auch Johns neuer Arbeitgeber war ein freundlicher Mann, dafür war John sehr dankbar. Die Arbeit mit den wertvollen Pferden in den weitläufigen Stallungen machte ihm Spaß. John war der Meinung, nun endlich den Frieden und die Ruhe, die er verdiente, gefunden zu haben.

An seinem zweiten Arbeitstag bemerkte er, dass sein neuer Arbeitgeber ihn beobachtete, als er mit einem der Pferde arbeitete. »Er will wissen, ob ich weiß, was ich tue«, dachte John bei sich. »Er wird sehr schnell feststellen, was für ein guter Arbeiter ich bin.«

Doch plötzlich fragte ihn der Gutsbesitzer: »John, bist du eigentlich errettet?«

John wurde bleich vor Schreck. Er bekam furchtbare Angst. »Gott ist mir bis nach Schottland gefolgt!«, dachte er. »Ich konnte meiner Mutter entkommen, aber vor Gott kann ich nicht fliehen!«

In diesem Moment wusste John, wie einst Adam sich gefühlt haben musste, als er versuchte, sich zwischen den Bäumen des Gartens Eden vor Gott zu verstecken.

John war nicht imstande, seinem Herrn etwas zu antworten. Er musste seine Arbeit unterbrechen, so sehr zitterte er. Der Gutsbesitzer merkte, wie viel Angst der junge Mann hatte, und führte ihn zu einer Bank. Schweigend saß er dort eine Weile neben ihm. Dann begann der Gutsbesitzer zu sprechen, und noch einmal hörte John das Evangelium, das ihm seine Mutter schon so oft erklärt hatte. Aber dieses Mal hörten sich die Erklärungen neu an, denn jetzt waren sie für ihn Wirklichkeit geworden. Wie zornig musste Gott auf ihn gewesen sein, als er weggelaufen war! Wie groß war seine Rebellion! Der Erlöser, der gekommen war, um zu leiden und für die Sünder zu sterben – wie sehr hatte John diesen Erlöser abgelehnt! Wie sehr hatte er den Ruf Gottes bisher in den Wind geschlagen! Zum ersten Mal in seinem Leben erkannte John, dass er ein verlorener Sünder vor einem heiligen Gott war.

Als der Gutsbesitzer aufgehört hatte zu sprechen, fühlte John sich elend. Gott hatte ihm seine Sünden so deutlich vor Augen geführt und er hatte so große Angst. Sein innerer Kampf war so stark, dass er für den Rest des Tages nicht mehr arbeiten konnte.

Aber der Gutsbesitzer überließ John nicht sich selbst. Er verstand, was John durchmachte, und drängte darauf, ihm zu erklären, wie er gerettet werden konnte. Er sprach noch lange mit John und betete mit ihm.

Bald wurden auch für John die Liebe und die Gnade des Erlösers etwas ganz Wirkliches. John verstand, dass es Vergebung für ihn gab. Er begriff, dass das Blut Jesu von aller Sünde reinigt.

Im ersten Brief, den er seiner Mutter schrieb, erzählte John ihr die guten Neuigkeiten: »Gott ist mir mit seinem Rufen bis nach Schottland gefolgt und er hat meine Seele errettet!«

Kannst du dir die Freude dieser gottesfürchtigen Mutter vorstellen?

David schrieb einst in Psalm 139,7-12: *Nähme ich Flügel der Morgenröte und ließe mich nieder am äußersten Ende des Meeres, so würde auch dort deine Hand mich führen und deine Rechte mich halten! Spräche ich: ›Finsternis soll mich bedecken und das Licht zur Nacht werden um mich her!‹, so wäre auch die Finsternis nicht finster für dich, und die Nacht leuchtete wie der Tag, die Finsternis wäre für dich wie das Licht.*

Frage: Wie hat Gott einst Jona daran gehindert, vor ihm wegzulaufen? Verhält sich Rut in Rut 1,15-18 so wie Jona oder genau umgekehrt?

Schriftlesung: Jona 1-2.

Anregungen zum Gebet

- ✶ Danke Gott dafür, dass nichts vor ihm verborgen ist. Bereue deine Sünden und danke ihm für seine Treue und Gerechtigkeit.
- ❖ Bitte Gott um Vergebung dafür, dass du ihn in der Vergangenheit abgelehnt hast. Bete, dass er dir hilft, dich ihm zu unterwerfen und dein Leben ganz ihm zu unterstellen.

SWALLOW.

15. John Maynard

Auf dem großen Eriesee in Amerika gab es früher Schaufelrad-Dampfschiffe, die Passagiere über den See fuhren. Diese Schiffe hatten unter Deck einen großen Kessel, in dem Holz oder Kohle verbrannt wurde, um den Dampf für den Antrieb zu erzeugen. Die *Schwalbe* war einer dieser Raddampfer. Sie war ein großes Schiff, auf dem über 200 Passagiere Platz hatten.

An einem schönen Tag im August 1841 hatte die *Schwalbe* gerade die Hälfte ihrer Fahrt längst über den See von Detroit im Westen nach Buffalo im Osten hinter sich gebracht. Einige der Passagiere saßen an Deck, andere machten einen Spaziergang an der Reling. Alle genossen die schöne Überfahrt. Niemand kam auch nur auf die Idee, dass Gefahr drohen könnte. Doch plötzlich stieg eine große schwarze Rauchwolke vom unteren Deck des Schiffs auf.

Kapitän Jones war der erste, der den Qualm bemerkte. »Sam!«, rief er einem Besatzungsmitglied zu. »Schnell! Lauf unter Deck und schau nach, woher der Rauch kommt!«

Sam tat wie befohlen und kehrte sehr schnell wieder an Deck zurück, bleich und panisch. »Kapitän! Kapitän!«, schrie er. »Das Schiff brennt!«

Auch einige Passagiere hatten Sam gehört. »Feuer! Feuer!«, riefen sie aufgeregt.

Schnell erteilte Kapitän Jones Befehle. »Alle Mann an Deck, schnell!«, rief er. »Männer! Sofort mit Wasser löschen!«

Dem Befehl wurde eilig Folge geleistet. Schnell bildeten Mannschaft und Passagiere eine Menschenkette. Sie schöpften Eimer voll Wasser aus dem See, reichten sie eilends von Hand zu Hand und gossen das Wasser auf das Feuer. Aber das Schiff war frisch lackiert und hatte zudem Farbe geladen, und Lack und Farbe waren ungemein brennbar und erzeugten ein sehr heißes Feuer. Es war unmöglich, dieses Feuer mit etwas Wasser zu löschen.

Unter den Passagieren brach Panik aus. Es gab keine Rettungsboote. »Kapitän, wie weit ist es noch bis zum Land?«, fragten sie.

»Ungefähr acht Seemeilen«, antwortete er.

»Wie lange brauchen wir noch, bis wir dort sind?«

»Mit dem verbleibenden Kesseldruck ungefähr fünfundvierzig Minuten.«

»Werden wir es schaffen? Sind wir in Gefahr?«

»Wir sind in großer Gefahr. Gehen Sie bitte alle zum Heck des Schiffes, denn das Feuer ist vorn am Bug am stärksten.«

Alle hasteten zum Heck des Schiffes, bis auf einen: John Maynard, den Steuermann. Er blieb am Steuerrad stehen, um das Schiff auf Kurs zu halten.

Kapitän Jones rief durch den dichten Qualm: »John! John, hörst du mich? In welche Richtung fahren wir?«

»Nach Ost«, lautete die Antwort.

»Nimm Kurs nach Südost, auf die nächste Stelle der Küste zu«, rief der Kapitän. »Egal wo, wir müssen so schnell wie möglich ans Ufer!«

Immer mehr schwarze Qualmwolken stiegen vom Unterdeck auf. Flammen fraßen am Bug des Schiffes.

Nach einer Weile rief der Kapitän wieder: »John! John! Bist du noch da?«

»Aye, Aye, Sir«, war die Antwort. Aber die Stimme klang schwächer als beim letzten Mal.

»Hältst du noch fünf Minuten durch? Wir sind fast an Land.«

»Ich versuche es Kapitän, mit der Hilfe des Herrn.«

Das Haar des alten Steuermannes war bereits versengt und er hatte schlimme Verbrennungen an Armen und Beinen. Seinen rechten Arm konnte er nicht mehr bewegen, aber mit der linken Hand hielt er das Steuer fest. Wie ein Fels stand er inmitten des Qualms und der Flammen. Er musste das Schiff an Land steuern, um seinen Kapitän und all die Männer, Frauen und Kinder an Bord zu retten.

In letzter Minute erreichten sie das rettende Uferwasser. Das brennende Schiff lief auf Grund und neigte sich zur Seite. Die Passagiere und Besatzung kletterten hastig über die Reling und retteten sich durch das flache Wasser an Land. Auch John schaffte es noch mit letzter Kraft an Land. Aber als sich am Ufer alle um ihn versammelt hatten, um ihm zu danken, sank er plötzlich in sich zusammen und starb. Welch ein trauriger Anblick! Trauer erfüllte die Herzen der Passagiere. Dort lag der, der ihnen allen das Leben gerettet hatte. John hatte sein eigenes Leben gegeben, damit sie leben konnten. Tränen der Dankbarkeit füllten die Augen vieler.

Der Kapitän und alle Passagiere kamen zur Beerdigung des alten Mannes. Auch aus Johns Heimatstadt waren viele gekommen. Als der Sarg ins Grab herabgelassen wurde, flossen viele Tränen.

Ein schöner Grabstein aus Marmor wurde an Johns Grab aufgestellt. Darauf war in goldenen Buchstaben eingraviert:

Hier ruht John Maynard! In Qualm und Brand
Hielt er das Steuer fest in der Hand,
Er hat uns gerettet, er trägt die Kron',
Er starb für uns, unsre Liebe sein Lohn.

John Maynard war ein Held. Er gab sein Leben und rettete damit alle an Bord des Dampfers. Darin ähnelt er dem Herrn Jesus. Aber Jesus hat noch viel mehr getan. Jesus gab sich selbst freiwillig und er wusste, dass er am Kreuz den schmerzhaftesten und schändlichsten Tod überhaupt sterben würde. Das war notwendig, um die, die an ihn glauben, vor dem ewigen Tod zu retten. Aber das Grab des Herrn Jesus ist leer, denn er ist von den Toten auferstanden. Er ist in den Himmel aufgefahren, um dort für die Gläubigen zu beten.

Wenn du durch die Gnade Gottes weißt, dass er gestorben ist, um dich zu retten, dann hast du wirklich ewiges Leben.

Der deutsche Dichter Theodor Fontane schrieb 1885 eine Ballade über die Legende von John Maynard:

Die »Schwalbe« fliegt über den Eriesee,
Gischt schäumt um den Bug wie Flocken von Schnee;
von Detroit fliegt sie nach Buffalo –
die Herzen aber sind frei und froh,
und die Passagiere mit Kindern und Frau'n
im Dämmerlicht schon das Ufer schau'n,
und plaudernd an John Maynard heran
tritt alles: »Wie weit noch, Steuermann?«
Der schaut nach vorn und schaut in die Rund':
»Noch dreißig Minuten ... halbe Stund'.«

Alle Herzen sind froh, alle Herzen sind frei –
da klingt's aus dem Schiffsraum her wie Schrei,
»Feuer!« war es, was da klang,
ein Qualm aus Kajüt' und Luke drang,
ein Qualm, dann Flammen lichterloh,
und noch zwanzig Minuten bis Buffalo.

Und die Passagiere, buntgemengt,
am Bugspriet steh'n sie zusammengedrängt,
am Bugspriet vorn ist noch Luft und Licht,
am Steuer aber lagert sich's dicht,

und ein Jammern wird laut: »Wo sind wir? Wo?«
Und noch fünfzehn Minuten bis Buffalo. –

Der Zugwind wächst, doch die Qualmwolke steht,
der Kapitän nach dem Steuer späht,
er sieht nicht mehr seinen Steuermann,
aber durchs Sprachrohr fragt er an:
»Noch da, John Maynard?«
»Ja, Herr. Ich bin.«
»Auf den Strand! In die Brandung!«
»Ich halte drauf hin.«
Und das Schiffvolk jubelt: »Halt aus! Hallo!«
Und noch zehn Minuten bis Buffalo. –

»Noch da, John Maynard?« Und Antwort schallt's
mit ersterbender Stimme: »Ja, Herr, ich halt's!«
Und in die Brandung, was Klippe, was Stein,
jagt er die »Schwalbe« mitten hinein.
Soll Rettung kommen, so kommt sie nur so.
Rettung: der Strand von Buffalo!

Das Schiff geborsten. Das Feuer verschwelt.
Gerettet alle. Nur einer fehlt.
Alle Glocken geh'n; ihre Töne schwell'n
himmelan aus Kirchen und Kapell'n,
ein Klingen und Läuten, sonst schweigt die Stadt,
ein Dienst nur, den sie heute hat:
Zehntausend folgen oder mehr,
und kein Aug im Zuge, das tränenleer.

Sie lassen den Sarg in Blumen hinab,
mit Blumen schließen sie das Grab,
und mit gold'ner Schrift in den Marmorstein
schreibt die Stadt ihren Dankspruch ein:

»Hier ruht John Maynard! In Qualm und Brand
Hielt er das Steuer fest in der Hand,
Er hat uns gerettet, er trägt die Kron',
Er starb für uns, unsre Liebe sein Lohn.«

Frage: Warum starb Jesus freiwillig am Kreuz?
Schriftlesung: Johannes 15,12-17.
Anregungen zum Gebet

✶ Danke dem Herrn Jesus für das größte Geschenk, das er gegeben hat und geben konnte – sich selbst.

❖ Bitte Gott, dir zu verdeutlichen, dass Jesus Christus für Sünder gestorben, aber sein Grab jetzt leer ist. Bete, dass er dir bei den kleinen und großen Problemen hilft, die dir heute zu schaffen machen.

16. Kein Schatz im Himmel

Zwei befreundete Christen besuchten einmal einen wohlhabenden Farmer, um ihn um eine Spende für die Mission zu bitten. Der Farmer war sehr freundlich und führte sie auf seiner Farm herum. Am Schluss nahm er sie mit auf einen kleinen Aussichtsturm auf dem Dach seines Hauses. Von hier aus konnten sie meilenweit blicken. Der Farmer zeigte ihnen alle Felder, die ihm gehörten, alle Scheunen und alle Pferde, Schafe und Viehherden. »All das gehört mir. Angefangen hab ich mal als kleiner Junge, als Hilfsarbeiter auf einer Farm, und jetzt gehört mir dies alles.«

Einer der christlichen Freunde zeigte auf den Himmel und fragte: »Und wie viele Schätze haben Sie im Himmel gesammelt, mein Freund?«

Nach einer Pause seufzte der Farmer. »Ich fürchte, dort habe ich nichts«, gab er zu.

»Ist das nicht ein furchtbarer Fehler?«, fragte der Christ. »Sie sind ein fähiger und intelligenter Mann und Sie haben ihre Zeit damit verbracht, Schätze auf der Erde zu sammeln. An Schätze im Himmel haben Sie aber nicht gedacht.«

Der Farmer schwieg eine Weile. Dann klagte er mit Tränen in den Augen: »Ach ja, wie konnte ich nur so dumm sein!«

Der Herr Jesus sagt in Matthäus 6,19-21: *Ihr sollt euch nicht Schätze sammeln auf Erden, wo die Motten und der Rost sie fressen und wo die Diebe nachgraben und stehlen. Sammelt euch vielmehr Schätze im Himmel, wo weder die Motten noch der Rost sie fressen und wo die Diebe nicht nachgraben und stehlen! Denn wo euer Schatz ist, da wird auch euer Herz sein.*

Frage: Warum war der kluge Farmer doch so unvernünftig? Wofür sollen wir nach Kolosser 3,2 leben und uns einsetzen?

Schriftlesung: Matthäus 19,16-26.

Anregungen zum Gebet

✶ Danke Gott für die ewig bleibenden Schätze im Himmel. Bitte ihn, dass er dir hilft, solche Schätze anzusammeln und auf Gottes Wort und Jesus Christus zu schauen.

❖ Bete, dass Gott dir klar macht, wie wertlos Besitztümer sind und wie wertvoll hingegen das ewige Leben ist. Bitte ihn, dir zu vergeben und dir zu zeigen, was Jesus Christus für die Sünder getan hat.

17. Die lange Bank

Ein gläubiger Arzt kam eines Tages zu einem alten Mann, bei dem er schon oft Hausbesuche gemacht hatte. Ebenso oft hatte der Arzt mit dem alten John und seiner Frau auch über ihre Seelen gesprochen. John hörte immer aufmerksam zu und sagte, er stimme dem, was der Arzt ihm erklärte, zwar zu, aber er wollte mit der tieferen persönlichen Wahrheit, die in dieser Botschaft steckte, noch nichts zu tun haben. Einerseits gab er zu, dass er ein Sünder war und errettet werden musste und versprach sogar, dass er eines Tages Jesus als Erlöser annehmen wolle, aber er schob es auf, bis angeblich irgendwann »der richtige Zeitpunkt« kommen würde.

John litt an schlimmen Husten – er hatte eine Bronchitis. Sein Leben war nicht ernsthaft in Gefahr, aber er fühlte sich sehr schwach und krank. Der Arzt untersuchte ihn und versprach, dass er ein Medikament vorbereiten werde, das später jemand bei ihm abholen könne.

»Wann muss er die Medizin einnehmen, Doktor?«, fragte Johns Frau, als der Doktor sich verabschieden wollte.

»Ich schreibe es auf die Flasche«, antwortete der Arzt. Dann schien ihm noch etwas einzufallen. »Wobei, eigentlich ...«, sagte er dann nachdenklich zu

John, »eigentlich sind Sie nicht sehr krank. Sagen wir, Sie fangen mit der Medizin in einem Monat an?«

John hustete, um zu zeigen, wie dringend er die Medizin brauchte, dabei bekam er fast keine Luft mehr.

»In einem Monat erst?!«, schimpfte er verwundert.

»Ja, warum nicht? Ist Ihnen das zu früh?«, entgegnete der Arzt.

»Zu früh?! Bis dahin könnte ich tot sein!«, ächzte der alte John.

»Sehr richtig«, stimmte der Arzt zu. »Aber bedenken Sie, dass es Ihnen jetzt ja noch nicht so schlecht geht. Sagen wir, Sie fangen in einer Woche an, die Medizin zu nehmen.«

»Aber Doktor!«, rief John. Er war sehr irritiert. »Vielleicht lebe ich in einer Woche schon nicht mehr.«

»Auch das könnte sein«, stimmte der Arzt wieder zu. »Aber wahrscheinlich werden Sie noch leben und dann wird die Medizin im Haus sein. Wenn Sie merken, dass es Ihnen schlechter geht, können Sie etwas davon nehmen.« Er sah den alten Mann ruhig an, als ob an seinen Anweisungen überhaupt nichts Merkwürdiges wäre.

John stöhnte. Noch nie hatte sein Arzt ihn so behandelt!

Der Arzt schien etwas nachzugeben. »Falls es Ihnen morgen schlechter gehen sollte, können Sie auch schon morgen damit anfangen.«

»Doktor!«, sagte der alte Mann verzweifelt. »Ich könnte auch morgen schon tot sein! Oh, Doktor«, fuhr er leise fort, denn er hatte wirklich große Schmerzen im Hals und in der Brust. »Nehmen Sie es mir bitte nicht übel und halten Sie mich bitte nicht für undankbar. Sie waren immer gut zu mir. Aber wissen Sie, ich möchte nicht, dass es mir schlechter geht. Ich glaube, dass diese Medizin gut ist, aber sie wird mir nichts nützen, solange sie in der Flasche ist. Es wäre dumm und sinnlos, mit dem Einnehmen zu warten, oder etwa nicht?«

»Was meinen Sie, wann Sie sie nehmen sollten, John?«

»Also, ich dachte, ist sollte sie heute schon nehmen.«

»Fangen Sie heute damit an, und zwar sofort«, sagte der Arzt und lächelte zum ersten Mal. »Ich wollte Ihnen nur deutlich machen, wie töricht es ist, das Einnehmen der viel wichtigeren Medizin hinauszuzögern – der Medizin, die der größte Arzt für Ihre von Sünden kranke Seele zubereitet hat. Überlegen Sie mal, wie lange Sie sein Heilmittel schon ausgeschlagen haben! Seit Jahren lehnen Sie es ab. Immer haben Sie gesagt: ›Nächste Woche oder nächstes Jahr oder wenn ich im Sterben liege, dann werde ich mich zu Jesus bekehren – irgendwann, nur nicht jetzt.‹ Und doch ist jetzt der einzig richtige Moment. Gottes Medizin ist nicht für einen späteren Notfall, sondern wird heute und sofort dringend benötigt und die Verschreibung lautet: ›Heute, wenn ihr seine Stimme hört, verhärtet eure Herzen nicht‹ (Hebräer 3,15). Und: »Zur angenehmen Zeit habe ich dich erhört, und am Tage des Heils habe ich dir geholfen. Siehe, jetzt ist die wohlangenehme Zeit, siehe, jetzt ist der Tag des Heils« (2. Korinther 6,2). Die Hilfe ist nah, aber sie wird Ihnen nichts nützen, wenn Sie die Einnahme auf die lange Bank schieben. Die lange Bank ist der gefährlichste Ort der Welt.«

Da kamen dem alten John die Tränen, als er seinem Freund die Hand drückte. »So hab ich das bisher noch nie gesehen«, flüsterte er.

Frage: Warum ist es so gefährlich, nicht sofort auf Gottes Ruf zu hören und die Umkehr auf die lange Bank zu schieben? Warum hat der Arzt vorgeschlagen, dass John die Einnahme seiner Medizin ebenfalls auf später verschieben solle?

Schriftlesung: Apostelgeschichte 24,22-27.

Anregungen zum Gebet

✶ Danke Gott für seinen vollkommenen Plan. Danke ihm dafür, dass er die Errettung umsonst schenkt und dass Jesus Christus als der einzige Retter der Sünder tatsächlich bereit ist, die Verlorenen zu retten. Danke Gott dafür, dass er dir genau gesagt hat, wo du Rettung findest.

❖ Bete, dass du erkennst, welche Gefahr eine Ewigkeit ohne Gott ist und welche Freude eine Ewigkeit mit ihm.

18. Der arme Peter Steinbrecher

Ein reicher Engländer ritt an einem Abend über sein Anwesen. Plötzlich glaubte er, er hätte jemanden sprechen gehört. Er ließ sein Pferd anhalten und sah sich um. Hinter einer Hecke entdeckte er einen armen Mann. Er kannte ihn. Dieser Mann war seit vielen Jahren bei ihm als Tagelöhner angestellt, um für seine Straßen Pflastersteine aus dem Steinbruch zu brechen. Deshalb nannten ihn alle »Peter Steinbrecher«.

»Peter, worüber führst du Selbstgespräche?«, rief der reiche Mann seinem armen Arbeiter vom Pferd herab zu.

»Sir«, sagte Peter, »ich habe keine Selbstgespräche geführt. Ich habe gerade Gott um den Segen für mein Abendessen gebeten.«

Der reiche Mann lachte. »Und was gibt es bei dir zum Abendessen, Peter?«, fragte er.

»Na ja, Sir«, antwortete Peter. »Ich habe nur ein Stück Brot und einen Krug Wasser aus dem Bach.«

»So, so«, antwortete der vornehme Mann, während er sein Pferd wendete, um weiterzureiten. »Es müsste schon einiges passieren, bevor ich Gott um seinen Segen für so ein kärgliches Abendessen bitten würde. Ich wünsche dir viel Freude an deinem Segen, Peter. Auf Wiedersehen.« Weg war der reiche Mann, um seinen Ausritt fortzusetzen.

Trotz des Unverständnisses seines Arbeitgebers genoss Peter sein Abendessen. Denn es gab etwas, wovon der reiche Mann nichts ahnte: den Reichtum, der in Peters Herzen verborgen war. Als ein wahres Kind Gottes besaß Peter einen ewigen Schatz im Himmel.

Kurze Zeit darauf machte der reiche Mann einen Spaziergang im Park seiner Villa. Plötzlich blieb er stehen. Er wurde ganz blass und zitterte vor Angst. »Was höre ich da?«, rief er laut. »Der reichste Mann im Land wird heute Abend sterben!« Er lauschte. Wieder meinte er, dieselben Worte gehört zu haben: »Der reichste Mann im Land wird heute Abend sterben!«

Panisch überlegte er, wer wohl der reichste Mann im Land sein könnte – und kam zu dem Ergebnis, dass er selbst es war.

Er eilte ins Haus und rief sofort nach seinem Arzt. Er bat den Arzt sehr ernsthaft darum, alles ihm Mögliche zu tun, um sein Leben zu retten. Der Arzt war verblüfft. Er konnte überhaupt nicht feststellen, dass dem Mann etwas fehlte! Aber der Reiche blieb der festen Überzeugung, dass er an diesem Abend sterben würde.

Aber warum regte er sich so auf? Es war die Macht seines schlechten Gewissens, das diesen reichen Mann anklagte und verdeutlichte, dass er auf den Tod nicht vorbereitet war.

Die ganze Nacht warf er sich unruhig in seinem Bett hin und her und fand keinen Schlaf, bis der Morgen graute. Der Arzt, der dem Reichen die Nacht über nicht von der Seite gewichen war, überredete ihn, aufzustehen und vor dem Frühstück draußen einen Spaziergang zu machen. Zitternd und bleich ging der Mann hinaus. Bei jedem Schritt rechnete er damit, tot zu Boden zu fallen.

Er war noch nicht weit gekommen, als er einem Arbeiter begegnete, der respektvoll zum Gruß an seine Mütze tippte. »Sir, dürfte ich bitte mit Ihnen sprechen?«, fragte er.

»Ja, natürlich.«

»Sir«, sagte der Arbeiter, »ich dachte, ich sollte Ihnen sagen, dass Peter Steinbrecher heute Morgen tot in seinem Bett gefunden wurde.«

»Was?«, rief der Mann völlig überrascht. »Peter Steinbrecher ist gestorben?« Er dachte einen Moment darüber nach. »Ah! Ich verstehe!«, rief er dann. »Jetzt verstehe ich! Ich dachte, dass ich mit meinen vielen Ländereien, meinen Villen und meinem Gold der reichste Mann im Land sei. Aber der arme Peter Steinbrecher, mit seinem Stück Brot und seinem Krug voll Wasser und Gottes Segen war der bei Weitem reichere Mann von uns beiden.«

Ob dieser Reiche seine ernste Lektion beherzigt hat, wissen wir nicht. Aber möge Gott schenken, dass du und ich daraus lernen, was wahrer Reichtum ist!

Frage: Wer war der »reichste Mann im Land« und warum war er so reich?

Schriftlesung: Lukas 16,19-31.

Anregungen zum Gebet

- ✶ Freue dich über Gottes Liebe. Sag ihm, dass du ihm dankbar bist für die vielen geistlichen und materiellen Geschenke, die er uns durch Jesus Christus geschenkt hat.
- ❖ Bete, dass Gott dir deine Selbstsucht und Habgier nach vergänglichen Dingen vor Augen hält. Bitte um Vergebung dafür, dass du ihn und sein Wort nicht so wertschätzt, wie du solltest.

19. Böses mit Gutem vergelten

Ein gottesfürchtiger Mann namens Stephen Savery hatte in einer kleinen Stadt einen Krämerladen. Eines Nachts wurden ihm einige Waren aus dem Laden gestohlen. Obwohl Mr. Savery zu wissen glaubte, wer der Dieb war, entschloss er sich, in der Zeitung diese Anzeige aufzugeben:

> *Wer immer am 5. August Mehl, Kaffee, Zucker, Konservendosen und einige Gartengeräte gestohlen hat, sei hiermit darüber informiert, dass es dem Ladenbesitzer eine aufrichtige Freude wäre, sich mit ihm, dem Täter, befreunden zu können. Falls der Dieb durch Armut zu dieser Sünde verleitet wurde, wird der Ladenbesitzer den gesamten Vorgang geheim halten und dem Betreffenden helfen, eine Arbeitsstelle zu finden, damit er nicht mehr stehlen muss.*

Als der Dieb – sein Name war Miles Lynden – diese Anzeige las, staunte er sehr. Sofort meldete sich sein schlechtes Gewissen und er schämte sich für seine Tat und seinen Seelenzustand.

Einige Abende später hörten die Saverys jemanden an ihre Tür klopfen. Es war Miles Lynden mit einem großen Bündel über der Schulter. »Ich bringe die Sachen zurück, Mr. Savery. Wo soll ich sie hintun?«

»Komm rein, Miles«, sagte Mr. Savery freundlich. »Erzähl mir, wie es dazu gekommen ist. Dann werden wir sehen, wie wir dir helfen können.«

Mrs. Savery machte Kaffee und ein paar Kleinigkeiten zu Essen. »Hier hast du etwas für deinen leeren Magen«, lächelte sie.

Aber Miles wendete sich beschämt ab und schwieg eine Zeit lang.

»Es war das erste Mal in meinem Leben, dass ich etwas gestohlen habe«, fing er dann mit gedämpfter Stimme an. »Und ich habe mich sehr schlecht dabei gefühlt. Ich hätte nie gedacht, dass ich einmal so tief sinken würde. Seit ich angefangen habe zu trinken, ist alles immer schlimmer geworden. Sie sind die ersten Menschen, die mir Hilfe anbieten. Meine Frau ist krank, meine Familie hat Hunger und wir brauchen neue Kleidung. Ich weiß, dass Sie uns geholfen haben, wann immer Sie konnten, und trotzdem habe ich Sie bestohlen. Es tut mir leid.«

»Ich hoffe, dass du nie wieder etwas stehlen wirst«, antwortete Mr. Savery. »Diese Angelegenheit bleibt ein Geheimnis zwischen uns, Miles. Du bist noch jung und mit Gottes Hilfe kannst du noch einmal von vorn anfangen. Versprich mir, dass du ein Jahr lang weder Wein noch Bier, noch Schnaps trinken wirst. Dann werde ich dich ab morgen in meinem Laden einstellen. Dein ältester Sohn kann auch nach der Schule zum Arbeiten kommen. Und jetzt iss etwas. Vielleicht hilft es, die Sucht nach Alkohol zu überwinden, wenn du nach Hause kommst. In der ersten Zeit wird es dir schwerfallen, die Finger vom Alkohol zu lassen, aber sei stark um deiner Frau und Kinder willen. Bald wird es leichter werden. Wenn du einen starken Kaffee brauchst, sag es Mary, sie wird dir jederzeit welchen kochen. Und denk an diesen Vers: ›Deshalb ergreift die ganze Waffenrüstung Gottes, damit ihr am bösen Tag widerstehen und, nachdem ihr alles wohl ausgerichtet habt, bestehen könnt‹ (Epheser 6,13). Und denk auch immer an diese Bibelstelle: ›So unterwerft euch nun Gott! Widersteht dem Teufel, so flieht er von euch‹ (Jakobus 4,7). Verbring viel Zeit im Gebet und mit dem Wort Gottes.«

Miles war von der Freundlichkeit und Hilfsbereitschaft dieser Leute überwältigt. Wie war es möglich, dass sie jemandem helfen wollten, der sie bestohlen und ihnen schlimmes Unrecht angetan hatte? »Warum tun Sie das?«, fragte er mit Tränen in den Augen. »Ich habe nie irgendetwas für Sie getan!«

Stephen und Mary Savery lächelten. »Wir tun das, was der Erlöser für uns getan hat, Miles«, erklärte Mr. Savery. »Wir haben für ihn auch nie irgendetwas getan, aber in seiner großen Gnade hat er uns trotzdem errettet.«

»Wir sollen so werden wie Jesus«, fuhr Mr. Miles fort. »Folge dem Herrn Jesus nach. Arbeite fleißig und halte dich vom Schnaps fern, Miles, dann wirst du in uns immer gute Freunde haben.«

Am nächsten Tag erschien Miles Lynden zur Arbeit. Durch Gottes Gnade wurde er ein ehrlicher, nüchterner, treuer und gottesfürchtiger Mann. Er arbeitet noch viele Jahre für die Saverys. Miles hatte nie vergessen, welche Freundlichkeit sie ihm an jenem Abend erwiesen hatten und er dankte Gott jeden Tag dafür, dass er ihm seine Sünden vergeben und ihn zu einem neuen Geschöpf gemacht hatte.

Frage: Warum haben die Saverys dem Dieb geholfen?
Schriftlesung: Hebräer 13,1-6.
Anregungen zum Gebet

- ✶ Danke Gott für die große Gnade des Erlösers für schreckliche Sünder – dich eingeschlossen.
- ❖ Bete, dass Gott dir hilft, dem Teufel und der Versuchung zu widerstehen, heute und für den Rest deines Lebens.

20. Susans Glaubensgebet

Susan war eine Witwe mit einer Tochter namens Mary. Susan glaubte an den Herrn Jesus und deshalb wünschte sie sich sehr, dass sich auch die kleine Mary zu Gott bekehren würde. Sie gab sich Mühe, ihr Kind die Wahrheiten Gottes und den Weg der Errettung zu erklären. Oft las sie ihr aus der Bibel vor und half ihr, viele Bibelverse auswendig zu lernen.

Aber Mary machten die Bibelstunden mit ihrer Mutter keinen Spaß. Sie wand sich immer ungeduldig auf ihrem Stuhl und zappelte herum, bis die Stunde endlich vorbei war. Sobald sie wieder frei hatte, rannte sie nach draußen, um mit ihren Freunden zu spielen.

An einem Sonntag lief Mary mit ein paar Nachbarskindern etwas weiter von zu Hause weg. Sie hatte nicht um Erlaubnis gefragt und ihre Mutter machte sich große Sorgen. Als Mary schließlich wieder nach Hause kam, setzte sich Susan mit ihr zusammen, um ihr zu erklären, wie verkehrt ihr Verhalten gewesen war.

»Mary«, sagte sie. »Du musst daran denken, dass heute Sonntag ist und wir uns besonders Zeit für Gott nehmen wollen. Deshalb solltest du nicht so lange mit deinen Freunden spielen. Bleib bitte hier bei mir. Ich lese dir aus der Bibel vor und wir werden zusammen den Herrn bitten, dir ein neues Herz zu geben.«

Aber Mary hörte nicht zu und behandelte ihre Mutter sehr respektlos. Es machte Susan sehr traurig, wie ungehorsam und stur Mary war. Verzweifelt und bekümmert ging sie in ihr Zimmer, kniete sich vor ihr Bett und betete schluchzend für ihre geliebte Tochter.

Mary saß allein in der Küche. Sie hörte die Stimme ihrer Mutter im Nebenzimmer und dachte, sie würde dort mit jemandem über ihr schlechtes Benehmen sprechen. Leise schlich sich Mary zur Tür und guckte durch das Schlüsselloch. Aber zu ihrer großen Überraschung war ihre Mutter allein. Mary konnte sehen, dass sie für sie betete. Aber das verzweifelte Gebet ihrer Mutter machte ihr überhaupt nichts aus. Sie war nur erleichtert, dass dort niemand mit ihr im Zimmer war. Leise schlich Mary wieder von der Tür weg, um draußen mit ihren Freunden zu spielen. Die Worte ihrer Mutter hatte sie schnell wieder vergessen.

Einige Jahre vergingen und aus Mary wurde eine junge Frau. Sie war noch sturer und eigensinniger geworden als sie es als Kind schon war. Mary heiratete und gründete eine Familie. Aber sie behandelte ihren Mann nicht gut und für ihre Kinder war sie keine sehr liebevolle Mutter.

Marys Mutter Susan starb bald nach Marys Hochzeit. Bis zu ihrem Tod hatte sie sehr ernstlich für Marys Bekehrung gebetet.

Nach dem Tod ihrer Mutter zog Mary aufs Land, weit entfernt von allen Kirchen und Gemeinden. Die

Bibel ihrer Mutter hatte sie weggeräumt und ihren Kindern las sie nie aus Gottes Wort vor.

Eines Tages zog Mr. Walters, ein Christ, in die Gegend. Er war der Ansicht, dass es an seinem neuen Wohnort eine Sonntagsschule für die vielen Kinder aus der Umgebung geben sollte. Aber es gab keinen geeigneten Raum, in dem sie sich hätten treffen können.

Er beschloss, eine Versammlung einzuberufen und die Eltern zu fragen, ob sie an einer Sonntagsschule für ihre Kinder interessiert wären. Viele Eltern waren sehr dankbar für diese Idee. Gern stimmten sie dem Vorschlag zu, dass die Treffen abwechselnd in den Häusern der Familien stattfinden sollten. Nur Mary wollte keine Gruppenstunde in ihrem Haus und es gefiel ihr nicht, dass ihre Kinder daran teilnehmen sollten. Aber weil sie sich sorgte, was die Nachbarn wohl von ihr denken würden, wenn sie ablehnte, stimmte auch sie dem Vorschlag zu.

Mary schickte ihre Kinder nicht zur Sonntagsschule. Als die Unterrichtsstunde in ihrem Haus stattfand, versuchte sie, so gut es ging, zu stören. Sie lief im Raum herum, schlug Schranktüren zu, machte in der Küche Lärm mit Töpfen und Pfannen und verbreitete Unruhe, so viel sie nur konnte. Mr. Walters versuchte, mit ihr darüber zu sprechen, aber Mary hörte ihm nicht zu und versuchte weiterhin, die Gruppenstunden zu stören. Da Mr. Walters sie nicht weiter verärgern wollte, entschied er sich, die Sache auf sich beruhen zu lassen.

Einige Monate später jedoch waren alle Anwesenden völlig überrascht, als sie Mary ganz still im Türrahmen stehen und aufmerksam auf Mr. Walters Stunde achtgeben sahen. Am darauf folgenden Sonntag erschien Mary wieder mit ihren Kindern in der Sonntagsschulstunde und auch dieses Mal stand sie leise im Raum und hörte zu. Nach ein paar weiteren Wochen brachte Mary schließlich auch die Bibel ihrer Mutter mit. Sie setzte sich mit den Kindern zusammen in den Kreis und las einen Vers aus der Bibel vor, als sie an der Reihe war.

Mr. Walters dachte, es sei sicher das Beste, Mary zunächst noch nicht darauf anzusprechen. Aber bald berichteten ihm andere, wie sehr Mary sich verändert hatte. Daraufhin ging er doch zu ihr.

»Mary«, sagte er. »Du wirkst so anders. Ist irgendetwas in deinem Leben geschehen?«

»Oh ja«, antwortete sie. »Ich *bin* anders. Und das liegt an Jane.«

»An Jane, deiner Tochter?«, fragte Mr. Walters überrascht, und sah die sechsjährige Jane an. »Aber sie ist doch noch ein Kind.«

»Ja, an Jane und ihrem Verhalten. Ich habe sie beobachtet, als sie durch ein Schlüsselloch guckte«, erzählte Mary. »Denn als ich selbst ein Kind war, so alt wie Jane jetzt, hab ich mich sehr schlecht benommen. Ich hörte meiner Mutter nicht zu und tat sehr viele böse Dinge. An einem Sonntag hörte ich meine Mutter einmal mit jemandem sprechen, nachdem sie mich ausgeschimpft hatte. Ich dachte, sie würde jemand anderem erzählen, wie böse ich war. Also schlich ich mich an ihre Tür, um zu lauschen. Dann guckte ich durch das Schlüsselloch und sah, dass meine Mutter für mich betete! Sie flehte den Herrn an, mir ein neues Herz zu geben. Damals lachte ich über sie und machte einfach weiter wie bisher und wie es mir gefiel. Aber als ich jetzt sah, wie Jane durch das Schlüsselloch guckte, erinnerte mich das an das Gebet meiner Mutter für mich. Und es machte mir bewusst, wie sündig ich bin!

Wie konnte Gott mich nur so viele Jahre vor dem Gericht verschonen? Als ich meine Tochter durch das Schlüsselloch blicken sah, wurde mir klar, dass sie mich, ihre Mutter, niemals hat beten sehen. Wegen der großen Schuld, die auf mir lastete, ging ich auf die Knie und betete das erste Mal in meinem Leben. Ich betete inständig, dass Gott mir, der Sünderin, gnädig sein möge.«

»Und Gott hat mich erhört«, fügte Mary ernst und schluchzend hinzu. »Er hat mich nicht verstoßen, obwohl ich so böse war. In seiner Gnade hat er die Gebete meiner Mutter erhört und mir ein neues Herz gegeben.«

Marys Veränderung war echt und für alle erkennbar. Gott hatte Mary vergeben, weil Jesus Christus für sie am Kreuz gestorben war. Gott hat ihre Ungerechtigkeit weggenommen und sie stattdessen mit der Gerechtigkeit Jesu Christi bekleidet.

Ihre Mutter Susan hat die Erhörung ihrer Gebete nicht mehr erlebt. Aber der Herr wusste, was das Beste für sie war, und er weiß, was das Beste für jedes Kind Gottes ist. Als Susan starb, nahm der Herr sie in die ewige Freude zu sich.

Frage: Warum hatte es eine so starke Wirkung auf Mary, als sie Jane durchs Schlüsselloch gucken sah?

Schriftlesung: Jakobus 5,13-18.

Anregungen zum Gebet

✶ Danke Gott für seinen perfekten Zeitplan. Danke ihm auch dafür, dass er Gebete immer genau dann erhört, wenn sie erhört werden müssen und auf genau die richtige Weise.

❖ Bete, dass Gott dir deine Sturheit und Abneigung gegen ihn vergibt. Bitte ihn, dir zu helfen, dein ganzes Leben ihm zu unterstellen.

21. Das bist du, Jim!

Mr. Carr war Buchhändler. Aber seine Buchhandlung war anders als die meisten anderen, denn Mr. Carr war Christ und verkaufte hauptsächlich christliche Bücher. In seinem Schaufenster stellte er immer einige sehr schöne Bibeln aus.

Eines Tages ging eine Gruppe von Männern an seinem Geschäft vorbei. Sie hatten ihre Gesichter bemalt und trugen bunte Kostüme, denn sie waren Schauspieler, die ihr Geld mit Straßentheater verdienten. Direkt vor Mr. Carrs Buchhandlung blieben sie stehen, um dort ihre Vorstellung aufzuführen. Sie sangen ein paar recht alberne Lieder und spielten eine komische Geschichte vor. Nachdem die Aufführung beendet war, ging einer der jungen Männer mit einem Hut herum und bat das Publikum um ein wenig Geld.

Mit einem Gebet im Herzen nahm Mr. Carr eine der Bibeln aus seinem Schaufenster und ging auf diesen jungen Mann zu. »Ich gebe Ihnen zehn Dollar und dieses Buch dürfen Sie auch behalten, wenn Sie einen Abschnitt daraus laut vorlesen. So laut, dass jeder es hören kann«, sagte er.

Der junge Mann lachte. »So schnell kann man sich zehn Dollar verdienen. Hört her, Leute! Ich lese euch was vor!«

Mr. Carr öffnete die Bibel im fünfzehnten Kapitel des Lukasevangeliums und zeigte auf den elften Vers. »Fangen Sie hier an.«

»Lies laut, Jim«, rief einer der Freunde des jungen Mannes. »Verdien dir deine zehn Dollar wie ein Mann!«

Die Zuschauer lachten.

Jim nahm das Buch und begann, mit theatralischer Stimme vorzulesen: »Ein Mensch hatte zwei Söhne. Und der jüngere von ihnen sprach zum Vater: Gib mir den Teil des Vermögens, der mir zufällt, Vater! Und er teilte ihnen die Habe.« Etwas in Jims Stimme hatte sich verändert. Er las nicht mehr auf die übertriebene, komische Art wie am Anfang. Auch die Zuhörer bemerkten die Veränderung und sie hörten gespannt zu.

»Und nicht lange danach packte der jüngere Sohn alles zusammen und reiste in ein fernes Land, und dort verschleuderte er sein Vermögen mit ausschweifendem Leben.«

»Das bist du, Jim!«, rief einer der Freunde. »Das ist doch genau das, was du mir über dich und deinen Vater erzählt hast!«

Jim antwortete nicht. Er las weiter: »Nachdem er aber alles aufgebraucht hatte, kam eine große Hungersnot über jenes Land, und auch er fing an, Mangel zu leiden.«

»Das bist immer noch du, Jim!«, rief der Mann. Lies weiter!«

»Da ging er hin und wandte sich an einen Bürger jenes Landes; der schickte ihn auf seine Äcker, die Schweine zu hüten. Und er begehrte, seinen Bauch zu füllen mit den Schoten, welche die Schweine fraßen, und niemand gab sie ihm.«

»Das ist jetzt wie wir alle, Jim«, unterbrach der Freund noch einmal. »Wir sind alle Bettler und uns allen geht es schlecht. Lies weiter! Lass uns hören, wie es weitergeht.«

Der junge Mann las weiter, seine Stimme zitterte: »Er kam aber zu sich selbst und sprach: Wie viele Tagelöhner meines Vaters haben Brot im Überfluss, ich aber komme um vor Hunger! Ich will mich aufmachen und zu meinem Vater gehen und zu ihm sagen:

Vater, ich habe gesündigt gegen den Himmel und vor dir, und ich bin nicht mehr wert, dein Sohn zu heißen; mache mich zu einem deiner Tagelöhner!«

An dieser Stelle brach Jim zusammen. Er konnte nicht weiterlesen. Alle, die zusahen, waren angerührt, einige weinten.

Mr. Carr stellte sich neben Jim. Er nahm dem weinenden jungen Mann vorsichtig die Bibel aus der Hand und las an der Stelle weiter, an der Jim aufgehört hatte: »Und er machte sich auf und ging zu seinem Vater. Als er aber noch fern war, sah ihn sein Vater und hatte Erbarmen; und er lief, fiel dem Sohn um den Hals und küsste ihn. Der Sohn aber sprach zu ihm: Vater, ich habe gesündigt gegen den Himmel

und vor dir, und ich bin nicht mehr wert, dein Sohn zu heißen! Aber der Vater sprach zu seinen Knechten: Bringt das beste Festgewand her und zieht es ihm an, und gebt ihm einen Ring an seine Hand und Schuhe an die Füße, und bringt das gemästete Kalb her und schlachtet es, und lasst uns essen und fröhlich sein! Denn dieser mein Sohn war tot und ist wieder lebendig geworden, und er war verloren und ist wiedergefunden worden. Und sie fingen an, fröhlich zu sein.«

Als Jim diese Geschichte aus dem Lukasevangelium hörte, bekam er Hoffnung. Sein Vater und seine Mutter liebten ihn. Vielleicht würden sie ihn gern wieder bei sich haben.

Doch dann überfiel Jim noch ein anderer Gedanke. Er lebte nicht nur in Armut; er lebte auch in Sünde! Wie eine überwältigende Flut kamen ihm seine Sünden in Erinnerung und alle Hoffnung verließ ihn wieder. Er war arm: sowohl materiell als auch geistlich!

Doch dieser Tag wurde der Wendepunkt im Leben von Jim, dem verlorenen Sohn. Mr. Carr wurde ihm ein guter Freund und die Bibel sein ständiger Begleiter. Mr. Carr ermutigte Jim, seinen Eltern zu schreiben, und das tat er auch. Das Ergebnis war das überglückliche Wiedersehen Jims mit seinen Eltern. Das Einzige, das dieses Ereignis noch übertraf, war die Aussöhnung Jims mit seinem himmlischen Vater. Er erkannte, dass Gott genauso bereit war, ihn wieder aufzunehmen, wie es der Vater im Gleichnis vom verlorenen Sohn gewesen war. Dieses Wissen machte Jim sehr demütig.

O welche Tiefe des Reichtums sowohl der Weisheit als auch der Erkenntnis Gottes! Wie unergründlich sind seine Gerichte, und wie unausforschlich seine Wege! (Römer 11,33).

Frage: Welches Gleichnis war für Jim so eindrucksvoll und warum?

Schriftlesung: Jesaja 1,16-20.

Anregungen zum Gebet

- ✶ Danke Gott dafür, dass er Sünder so liebt wie ein Vater seine Kinder. Danke ihm, weil er ungehorsame Kinder wie uns liebt und bereit ist zu vergeben.
- ❖ Bete, dass Gott dich auf eine Entdeckungsreise schickt, auf der du seine Weisheit und seine Reichtümer erkennst. Bete, dass er dich deine Armut und geistliche Unwissenheit erkennen lässt.

22. Die Kraft einer kurzen Predigt

Dan war Soldat der britischen Armee. Er war ungehorsam, grob und unfreundlich; er schwor und fluchte und sündigte ohne mit den Wimpern zu zucken. Sein Kommandeur versuchte, sein Verhalten zu ändern, aber es gelang ihm nicht. Schließlich musste Dan ins Gefängnis. Er kam in Einzelhaft, was bedeutete, dass er allein in einen kleinen Raum gesperrt wurde. Niemand durfte ihn besuchen oder mit ihm sprechen. Nur ein Pastor konnte zu ihm.

Die Strafe traf Dan sehr hart. Nun hatte er niemandem, den er verfluchen oder dem er Witze erzählen konnte. Zwei Wochen vergingen, die Dan damit zubrachte, bitter gegen Gott zu fluchen. Der Militärpastor hatte mehrmals versucht, mit Dan zu sprechen. Aber auf alles, was er sagte, hatte Dan ihm mit Wutausbrüchen und Flüchen geantwortet. Schließlich gab der Pastor auf. Er ging zu einem alten Prediger und berichtete ihm von Dan. Dieser Prediger versprach, dass er versuchen würde, mit Dan zu reden.

Kurze Zeit darauf besuchte er ihn an einem Morgen.

»Falls Sie mir eine Predigt halten wollen: Ich will es nicht hören!«, schrie Dan ihn an, als er die Zelle betrat.

»Ich würde gerne für Sie beten, Dan«, antwortete der Prediger freundlich. Ohne eine Antwort abzuwarten, begann der Prediger zu beten. Aber Dan schrie und fluchte so laut, dass er kein Wort verstand. Schockiert stand der Prediger auf, um zu gehen. Noch nie war ihm ein Mann so voller Hass und Wut begegnet. In seinem Herzen betete er leise für Dan.

Der Prediger signalisierte dem Wärter, dass er gehen wollte. Als der Wärter die Tür öffnete, drehte er sich noch einmal zu Dan um und sagte leise, aber bestimmt: »Junger Mann, der Lohn der Sünde ist der Tod« (Römer 6,23a).

Die Tür fiel krachend ins Schloss. Der Prediger war gegangen, aber seine Worte blieben bei Dan in der Zelle. Der Heilige Geist ließ diesen Bibelvers mächtig auf Dans Seele wirken. Immer und immer wieder hörte er ihn in seinem Kopf: *Der Lohn der Sünde ist der Tod.*

Irgendwann hielt Dan es nicht mehr aus. »Gott sei mir, dem Sünder, gnädig!«, schrie er.

Wie überrascht war der alte Prediger, als Dan ihn bitten ließ, ihn noch einmal zu besuchen! Er ging mit großer Freude hin und sagte Dan den zweiten Teil des Verses: »… aber die Gnadengabe Gottes ist das ewige Leben in Christus Jesus, unserem Herrn« (Römer 6,23b).

Was für ein Wunder war dies für Dan! Errettung war möglich, selbst für einen so großen Sünder wie ihn!

Dans Bekehrung war echt und beständig. Er wurde ein guter Soldat Jesu Christi. Er liebte es, über die

Gnade Gottes für unwürdige Sünder zu sprechen, denn er wusste, dass es Gott möglich war, auch den größten aller Sünder zu retten.

Frage: Warum hatten die Worte des Predigers eine so starke Wirkung auf Dan?

Schriftlesung: Jesaja 49,8-13.

Anregungen zum Gebet

✶ Danke Gott für das ewige Leben und dafür, dass man es nicht verdienen kann, sondern geschenkt bekommt, wenn man sich Jesus Christus im Glauben unterwirft. Bete für Missionare, die in Ländern sind, wo das Evangelium bekämpft wird. Bete für ihre Sicherheit und für die Verkündigung der frohen Botschaft.

❖ Bitte Gott um Vergebung. Bete, dass er dir die Liebe zur Sünde nimmt, die dein Leben zerstört.

23. Ins Verderben

An einem Sommerabend versuchte ein Betrunkener, nach Hause zu gehen. Aber er war so betrunken, dass er die richtige Straße einfach nicht fand. Er war unfähig zu erkennen, wo er war und begann zu fluchen.

»Ich habe mich verlaufen«, sagte er zu einem anderen Mann, der vorbeikam. »Wohin geht es hier?«

»Ins Verderben«, antwortete ihm der Mann mit mitfühlender Stimme.

Als der Betrunkene am nächsten Tag seinen Rausch ausgeschlafen hatte, gingen ihm diese zwei liebevoll und mahnend ausgesprochenen Worte nicht mehr aus dem Kopf: »Ins Verderben. Ins Verderben.«

Leise sagte der Mann zu sich selbst: »Es ist wahr. Ich gehe ins Verderben. O Herr Jesus, hilf mir und rette mich!«

So wurde dieser Mann auf seinem verkehrten Weg angehalten. Er suchte Gott im Gebet und fand die Gnade, die sein Leben veränderte.

Frage: Warum waren die kurzen zwei Worte »ins Verderben« eine wahre Antwort auf die Frage des Mannes?

Schriftlesung: Matthäus 7,13-14.

Anregungen zum Gebet

- ✶ Danke Gott für die Befreiung von der Sünde und für das Geschenk des ewigen Lebens in seiner Gemeinschaft. Danke ihm für Frieden und Freude. Bete für Länder, in denen Krieg oder Terrorismus wütet. Bete, dass das Evangelium Jesu Christi sich in diesen Ländern verbreitet und Frucht bringt.
- ❖ Bete, dass Gott dir und anderen verdeutlicht, wie zerstörerisch und Verderben bringend die Sünde ist.

24. Der Schüler und der Schulleiter

Bradley ging in die siebte Klasse. Er war so oft ins Büro des Schulleiters geschickt worden, dass er sich inzwischen auch ohne besondere Aufforderung jeden Tag nach der Schule dort melden musste. Einmal erteilte der Schulleiter Bradley die Aufgabe, alles aufzuschreiben, was er in diesem Jahr falsch gemacht hatte. Damit war Bradley eine ganze Weile sehr beschäftigt. Als er fertig war, sah sich der Schulleiter die Liste nachdenklich an. Als nächstes sollte Bradley in ein oder zwei Sätzen erklären, warum er all das getan hatte.

Dabei bekam Bradley eine recht gute Vorstellung davon, warum er in der Schule einen so schlechten Ruf hatte. Aber als er fertig war, war er müde und hungrig und wollte nach Hause. Doch der Schulleiter hatte noch eine weitere Bitte.

»Jetzt«, sagte er, »nimm bitte ein weißes Blatt Papier und schreibe deine Liste noch mal ab, damit wir die Abschrift deiner Mutter zuschicken können.«

Als Bradley das hörte, fing er an zu weinen. »Bitte, Sir«, bettelte er. »Schicken Sie sie nicht meiner Mutter.«

»Warum nicht?«, fragte der Schulleiter. »Weiß deine Mutter das alles denn nicht schon längst?«

»Nein«, antwortete Bradley.

»Glaubt sie, dass du dich in der Schule gut benimmst?«, fragte der Schulleiter.

»Sie weiß, dass ich manchmal Ärger habe. Aber nicht, dass es so viel ist.« Bradley zeigte auf das Blatt Papier vor sich.

»Also du möchtest nicht, dass deine Mutter über dein Benehmen in der Schule Bescheid weiß«, überlegte der Schulleiter laut. »Aber ich sehe nicht, wie wir das verhindern könnten. Wir haben alles versucht, um dein Verhalten zu ändern. Lass mich einen Moment darüber nachdenken.«

Der Schulleiter stand auf und ging im Raum umher, während Bradley sich die Tränen vom Gesicht wischte. Dann setzte er sich wieder auf seinen Stuhl.

»Bradley, wärst du bereit, ein solcher Junge zu werden, wie deine Mutter sich ihn wünscht?«

Bradley hob überrascht den Kopf. »Ja, ich denke, das wäre ich, Sir«, antwortete er langsam.

»Gut. Ich sage dir, was wir tun. Wir werden die Liste, die du geschrieben hast, in einen Umschlag tun und ihn versiegeln. Dann schließen wir ihn hier in meiner Schreibtischschublade ein und wenn du für den Rest des Schuljahres nicht mehr in mein Büro geschickt wirst, vernichten wir den Umschlag mitsamt der Liste und sprechen nie wieder ein Wort darüber.«

Bradley war verblüfft. »Danke, Sir«, stammelte er.

Von diesem Tag an bat Bradley den Herrn um ein neues Herz und um ein besseres Verhalten. Manchmal fiel es ihm sehr schwer, sich zu zügeln, aber Gott schenkte Gnade und bewirkte es.

Die Geschichte von Bradly ähnelt dem, was Gott für die tut, die an den Herrn Jesus glauben. Es ist zunächst so, als ob er all ihre bösen Gedanken, Worte und Taten aufschreiben würde. Aber weil der Herr Jesus Christus als das Opfer für ihre Sünden am Kreuz starb, vergibt er ihnen alle ihre Sünden und er denkt nicht mehr an sie. In Psalm 103,10-12 sagt David: »Er wird nicht immerzu rechten und nicht ewig zornig bleiben. Er hat nicht mit uns gehandelt nach unseren Sünden und uns nicht vergolten nach unseren Missetaten. Denn so hoch der Himmel über der Erde ist, so groß ist seine Gnade über denen, die ihn fürchten; so fern der Osten ist vom Westen, hat er unsere Übertretungen von uns entfernt.«

Sind deine Sünden abgewaschen? Sehnst du dich danach, dass dir deine Sünden vergeben werden? Es gibt viele wunderbare Verheißungen von Gott, die uns ermutigen, ihn um Vergebung zu bitten. Deshalb hat er seinen einzigen Sohn gesandt: Um die Sünden derer zu bezahlen, die zu ihm kommen und um Gnade bitten.

Wer ist ein Gott wie du, der die Sünde vergibt und dem Überrest seines Erbteils die Übertretung erlässt, der seinen Zorn nicht allezeit festhält, sondern Lust an der Gnade hat? Er wird sich wieder über uns erbarmen, unsere Missetaten bezwingen. Ja, du wirst alle ihre Sünden in die Tiefe des Meeres werfen! (Micha 7,18-19).

Kommt und lasst uns miteinander das Recht verhandeln! spricht der HERR. Wenn eure Sünden rot sind wie Karmesin, wie Schnee sollen sie weiß werden. Wenn sie rot sind wie Purpur, wie Wolle sollen sie werden (Jesaja 1,18).

Frage: Was tut Gott mit unseren Sünden, wenn wir durch seine Gnade allein auf die Rettung durch Jesus Christus vertrauen (Apostelgeschichte 3,19)?

Schriftlesung: Jesaja 44,21-28.

Anregungen zum Gebet

✶ Danke Gott für seine Liebe, Geduld und Barmherzigkeit und dass dafür, dass er sie uns gerne erweist. Suche heute seine Liebe und sein Erbarmen. Bitte Gott, dir zu helfen, seine Liebe deinen Nächsten und Freunden zu zeigen, damit sie sehen, dass Jesus der Herr und König ist.

❖ Bitte Gott, dir deine Sünden zu vergeben, damit nicht du verworfen wirst, sondern deine Sünden »weggeworfen« werden.

Teil 2

Kindlich fester Glaube

25. Aus dem Mund der Kinder hast du dir Lob bereitet

Ein Prediger in England hatte einen gleichgültigen und faulen Sohn. Der Sohn zog früh aus dem Haus seiner Eltern aus, weil er ihren Glauben und die vielen Ermahnungen satt hatte. Er bekam Arbeit auf einem Schiff und trat eine lange Reise über den Ozean an. Seine Eltern waren sehr traurig, aber sie beteten weiter viel für ihn und schrieben ihm viele Briefe.

Unterwegs ankerte das Schiff des jungen Mannes vor einer wunderschönen Insel im Atlantik. Sie blieben dort mehrere Tage, um Ladung aufzunehmen. Einmal brachten die Seeleute einen kleinen Jungen mit an Bord, der ein Instrument spielte, das sie noch nie gesehen hatten. Die Seeleute waren fasziniert und dem Jungen machte es Spaß, für sie zu spielen.

Nach einer Weile bat der Junge die Seeleute, ihn wieder ans Ufer zu bringen. Aber sie wollten, dass er noch etwas länger blieb.

»Das geht nicht«, entgegnete der Junge. »Ich muss jetzt wirklich gehen. In meinem Dorf ist ein sehr freundlicher christlicher Missionar zu Besuch. Von ihm hab ich alles gelernt, was ich über Jesus Christus weiß. Er trifft sich jeden Tag um diese Zeit mit uns im Schatten des großen Baumes, um uns noch mehr über

Jesus zu erzählen. Und ich möchte hingehen und ihm zuhören!«

Die Seeleute waren vom Eifer des Jungen berührt und ruderten ihn sofort zurück an Land. Aber am meisten war der sonst so gleichgültige Sohn des Predigers von der Aussage des Jungen getroffen. Er konnte nicht aufhören, an seine Worte zu denken. Sie hatten ihn direkt ins Herz getroffen.

»Hier bin ich also«, dachte er bei sich. »Sohn eines englischen Predigers, der so viel mehr über Jesus weiß, als dieser kleine Junge. Und ich schere mich nicht um ihn. Dieser kleine Kerl hört jetzt aufmerksam dem Wort des Lebens zu – und ich lehne dieses Wort, das Evangelium, ab.«

An diesem Abend ging er sehr beunruhigt ins Bett. Er weinte bittere Tränen wegen seiner Sünden und betete um Vergebung. Sein Gebet wurde erhört. Er wurde ein Kind Gottes. Wie groß war die Freude seiner Eltern, als sie davon erfuhren! Ihr Sohn, der für sie wie tot gewesen war, lebte nun wieder; der verlorene Sohn war gefunden!

Frage: Weißt du es zu schätzen, dass du schon so viel aus der Bibel lernen durftest?

Schriftlesung: Matthäus 21,12-17.

Anregungen zum Gebet

* Danke Gott dafür, dass du schon viel über ihn lernen durftest. Danke ihm für sein Wort und für die, die es lehren. Danke ihm für Bücher, in denen die

Bibel erklärt wird und für die Freiheit, Gott anzubeten. Bete für die, die zu Kindern und Erwachsenen gehen, die Jesus und die Bibel noch nicht kennen. Bete für deine Familie und für die Zukunft deines Landes und darum, dass Gott überall geehrt wird.

- ❖ Bitte um Vergebung dafür, dass du schon von Jesus Christus hören und lernen durftest, dich aber nicht zu ihm bekehrt hast. Erbitte von Gott, dass deine Ablehnung von jetzt an der Vergangenheit angehört du den Herrn Jesus von jetzt an lieben und ehren kannst.

26. Beckys Gebet

Becky zupfte am Rock ihrer Mutter. »Mama, bin ich geboren worden, um zu sterben?«

Beckys Mutter war sehr überrascht, von ihrer kleinen Tochter eine solche Frage zu hören. Aber weil sie gerade damit beschäftigt war, ihr Baby zu füttern, gab sie Becky nur eine kurze Antwort. »Ja, Becky. Wir alle müssen sterben.«

»Aber kann ich irgendetwas tun, damit ich nicht sterben muss? Was ist, wenn ich sehr, sehr reich werde? Oder ganz, ganz gut? Ich will nicht sterben«, sagte sie fest entschlossen. Sie schüttelte den Kopf und suchte den Blick ihrer Mutter.

In diesem Moment fing das Baby Sarah an zu weinen. Die Mutter nahm das Baby auf den Schoß, während sie mit Becky sprach.

»Nein Schatz, du kannst dem Tod nicht entgehen. Jeder, der geboren wurde, muss auch irgendwann sterben. Aber Gott kann die Angst vor dem Sterben wegnehmen und dein Herz verändern, so dass du bereit bist, zu sterben. Er kann dich von deinen Sünden retten. Der Herr Jesus hat gesagt: ›Lasst die Kinder zu mir kommen und hindert sie nicht; denn solchen gehört das Reich Gottes!‹«

Sarah war jetzt fertig gefüttert und das Gespräch beendet. Becky war gerade erst vier Jahre alt und sie verstand nicht viel von dem, was ihre Mutter ihr erklärt hatte. Aber die Worte »Gott kann die Angst vor dem Sterben wegnehmen« gingen ihr nicht aus dem Kopf. Sie fragte sich: »Ob Gott das für mich tut? Hört er mir zu?«

Becky erinnerte sich an ein Gedicht, das ihre Mutter ihr schon oft vorgelesen hatte:

Gott ist im Himmel; hört er wohl auch
ein kleines Kind wie mich?

Das war ja genau Beckys Frage! An den zweiten Vers dieses Gedichts konnte sie jedoch nicht so richtig glauben:

Ja, liebes Kind, sei unbesorgt,
denn er erhört auch dich.

Sie hatte oft gehört, wie ihr Vater aus der Bibel vorlas. Die Geschichte, in der Gott Mose auf dem Berg Sinai die Gesetzestafeln gab, hatte sie sehr beeindruckt. Gott war so heilig und gerecht und majestätisch – und sie war sich sicher, dass Gott wegen ihrer Sünden sehr zornig auf sie war.

Eines Tages besuchte Tante Martha Beckys Mutter. Während Beckys Mutter Tee machte, kletterte Becky auf Tante Marthas Schoß.

»Tante Martha«, fing sie feierlich an. »Wie betest du?« Becky sah ihrer Tante in die Augen.

Diese Frage ärgerte Tante Martha ein wenig, denn nach ihrer Meinung war ihre Schwester, Beckys Mutter, viel zu fromm. Sie ging zwar selbst auch in die Kirche, aber sie sagte immer, man solle »es nicht übertreiben«. Sie war der Ansicht, dass zu viel Religion nur trübsinnig mache.

»Wie sprichst du mit Gott?«, beharrte Becky und tätschelte ihrer Tante die Hand.

Die Frau wusste wirklich nicht, was sie antworten sollte, denn sie hatte in ihrem Leben noch nie ernsthaft gebetet. Da fiel ihr ein, dass sie ihr Gebetbuch noch in der Handtasche hatte. Sie nahm es heraus und gab es Becky. »In diesem Buch stehen viele Gebete, Schatz. Ich denke, das wird dir helfen.«

»Aber ich kann nicht lesen«, rief Becky traurig.

»Na gut«, seufzte Tante Martha. »Komm mich morgen besuchen, dann helfe ich dir, ein oder zwei Gebete daraus auswendig zu lernen.«

Becky freute sich über das Angebot und ihre Tante war erleichtert, dass sie keine weiteren Fragen mehr stellte. Dann brachte Beckys Mutter den Tee und die Unterhaltung schweifte ab zu anderen Themen.

Am nächsten Tag besuchte Becky ihre Tante und lernte mit großer Mühe zwei Gebete aus dem Gebetbuch auswendig. Tante Martha war beeindruckt von dem Eifer und der Aufrichtigkeit, mit denen Becky sich die Worte einprägte. Aber insgeheim dachte sie, es wäre gesünder, wenn Becky draußen mit ihren Freunden spielte.

An diesem Abend versuchte Becky vor dem Schlafengehen, die gelernten Verse aufzusagen. Aber so sehr sie sich auch bemühte, sie konnte sich einfach nicht an alle Worte erinnern, und die, die sie noch wusste, ergaben keinen Sinn. Sie fühlte sich schlechter als je zuvor. Sie wollte Gott kennenlernen, hatte aber keine Ahnung, wie das jemals gehen sollte.

Am nächsten Tag beschloss sie, ihre Mutter zu fragen. Sie ging in die Küche, wo ihre Mutter gerade Kekse backte. Aber bevor Becky etwas sagen konnte, fragte ihre Mutter: »Becky, könntest du diesen Korb bitte zu Mrs. Noble bringen? Sie hat wieder Kopfschmerzen und ich habe keine Zeit, selbst hinzugehen.«

Also ging Becky. Nach dem Mittagessen wollte sie ihren Vater fragen, wie sie den Herrn kennenlernen konnte, aber er war schon zu einer Besprechung losgefahren, bevor sie den Tisch abgeräumt hatte.

Am Sonntag schließlich ging die ganze Familie in den Gottesdienst. Becky verstand die Predigt nicht, obwohl sie so aufmerksam zuhörte, wie sie konnte. Doch als die Predigt fast zu Ende war, sagte der Pastor etwas, das Becky verstand: »Wenn ihr meint, dass ihr nicht beten könnt, bittet Gott, euch zu zeigen, wie man betet.«

Auf dem ganzen Heimweg dachte Becky über diese Worte nach. Dann ging sie leise in ihr Zimmer und kniete sich neben ihr Bett. »Gnädiger Gott im Himmel«, flüsterte sie, »bitte zeig mir, wie man betet, damit ich dich kennenlernen kann. Amen.«

Einige Zeit später konnte Becky berichten, dass Gott ihr Gebet erhört und ihr zu beten beigebracht hatte. Wer Gott um Barmherzigkeit anfleht, den wird der barmherzige Herr erhören.

Frage: Wer hat Becky geholfen, beten zu lernen?
Schriftlesung: Lukas 11,5-13.
Anregungen zum Gebet

✶ Danke Gott dafür, dass er auf dein Herz schaut und auf sonst nichts. Danke ihm, dass er alle liebt, die zu ihm gehören – Männer, Frauen, Kinder, aus allen Ländern, in jedem Alter, in jeder Größe und aus allen möglichen Lebenslagen.

❖ Bitte Gott, dir zu helfen, dass du beten kannst. Bete um Vergebung und dafür, dass du zu jemanden wirst, der in aufrichtiger und Frucht bringender Weise Zeit mit Gott verbringt.

27. Wie Gott bei Dürre einen Schirm sandte

Im Norden Englands gab es vor vielen Jahren eine sehr schwere Dürre. Die Situation wurde sehr ernst und es blieb nur noch eine Woche: Wenn es bis dahin nicht regnete, wäre die gesamte Ernte verloren. Aufgrund dieser großen Not wurde in einer Gemeinde ein besonderer Gebetsabend einberufen, an dem alle gemeinsam um Regen beten wollten.

Auf dem Weg zur Gemeinde sah der Pastor vor sich ein kleines Mädchen mit einem Regenschirm gehen. Er ging schneller, um das Mädchen einzuholen.

»Warum trägst du denn an einem so heißen Tag einen Regenschirm?«, fragte er.

Sie drehte sich zu ihm um und sah ihm geradewegs in die Augen. »Wir bitten doch heute Gott um Regen. Ich möchte vorbereitet sein.«

In seiner Predigt gestand der Pastor an jenem Abend, dass der Glaube dieses Mädchens ihn beschämt hatte.

Frage: Was sagte Jesus in Lukas 18,17 darüber, welche Art von Glauben man braucht, um in das Reich Gottes zu kommen?

Schriftlesung: Lukas 18,15-17.

Anregungen zum Gebet

- ✶ Bitte den Herrn Jesus, dass er deinen Glauben an ihn wachsen lässt und dass du für alles, was du brauchst, auf ihn vertraust, vor allem für dein Seelenheil und ewiges Leben.
- ❖ Bitte um Vergebung dafür, dass du nicht an Gott und an seine Macht geglaubt hast.

28. Mann, liebst du Gott?

Ein alter zerlumpter Landstreicher klopfte eines Morgens an die Hintertür eines Hauses in New Hampshire und bat um etwas Essen. Die Frau, die ihm öffnete, bat den armen Mann herein und bot ihm in der Küche einen Platz an, um auszuruhen. Während sie ihm ein gutes Essen zubereitete, erfuhr sie, dass auch er einmal ein schönes Zuhause, eine Frau und Kinder gehabt hatte. Doch der Alkohol hatte ihn von einer Sünde in die nächste gestürzt, bis seine Familie ihn verließ. Danach war er ziellos umhergewandert und hatte sich immer tiefer und tiefer in Sünden verstrickt, bis ihm nichts mehr übrig geblieben war, als zu betteln. Er sagte, dass es niemanden kümmerte, was aus ihm wird, und ihn selbst interessiere es eigentlich auch nicht mehr sehr.

Der kleine Sohn der Frau saß in der Nähe und beobachtete den alten Mann. Schließlich ging er zum Küchentisch, legte seine kleine Hand auf den schmutzigen, zerschlissenen Ärmel des alten Mannes und sah ihm in die Augen.

»Mann, liebst du Gott?«, fragte er. Er wiederholte die Frage mehrmals, aber er bekam keine Antwort.

Der kleine Junge lief in sein Zimmer und kehrte mit ein wenig Geld, das ihm für Süßigkeiten geschenkt worden war, zurück in die Küche. Er legte das

Geld dem Mann in die Hand. »Mann, davon kannst du dir etwas Brot kaufen«, sagte er.

Der arme Mann senkte den Kopf und begann zu weinen. Die Großzügigkeit des Jungen hatte ihn tief angerührt.

Er verließ das Haus und viele Monate hörten sie nichts von ihm. Doch dann kam ein Brief, der an den kleinen Jungen adressiert war:

»Mein Kleiner. Du hast mich vor der Hölle gerettet. Nachdem ich euer Haus verlassen hatte, ging ich die Straße entlang und alles, was ich hören konnte, war: ›Mann, liebst du Gott?‹ An diesem Abend schlief ich unter einem Baum ein und träumte von einem anständigen Jungen mit lockigem Haar, der seine Hand auf meinen Ärmel legt und immer wieder und wieder fragt: ›Mann, liebst du Gott?‹

Das war alles, was ich für mehrere Tage hören und sehen konnte, bis ich mich irgendwann auf den Boden warf und alle Verbitterung aus meinem Herzen herausschrie. Ich sah wieder den Mann, der ich einmal gewesen war, das gemütliche Heim, das ich gehabt hatte, die Frau und die Kinder, die mir durch die Sünde genommen worden waren. Ich dachte daran, wie viel ich geopfert hatte, um dem Teufel zu dienen und was aus mir geworden war. Ich schrie zum Herrn Jesus und betete, dass er meine Seele retten und meine Sünden abwaschen möge.

Jetzt habe ich Arbeit und Kleidung und einen Platz, an dem ich schlafen kann. Ich bin ein alter Mann, ich werde nicht mehr lange hier auf Erden sein. Aber Gott segne dich, mein Kind. Denn durch die Gnade Gottes hast du einen alten Landstreicher zurück zu Gott geführt.«

Frage: Wie kannst du Menschen in deiner Umgebung durch Freundlichkeit anrühren?

Schriftlesung: 1. Samuel 17,1-58.

Anregungen zum Gebet

- ✶ Bete, dass Gott dir hilft, Menschen die richtigen Fragen darüber zu stellen, wie sie zu ihm stehen.
- ❖ Bitte Gott, dir zu verdeutlichen, wo du deine Seele und Gottes Wort vernachlässigt hast. Bete, dass Gott dich zu sich zieht.

29. Robert lernt eine wichtige Lektion

Der kleine Robert Manly war erst fünf Jahre alt. Aber obwohl er noch so jung war, wusste er sehr genau, was er wollte. Er war immer darauf aus, dass er sein Vergnügungen und die größten Vorteile hatte, was nicht der beste Weg ist, um glücklich zu werden.

In derselben Straße wie die Manlys lebte eine sehr arme Familie. Der Vater dieser Familie war ein Trinker; er war alkoholsüchtig. Er behandelte seine Frau und die Kinder sehr grausam. Oft schlug er sie.

Eines Tages kam die Frau des Trinkers zu Roberts Mutter und bat sie um etwas Milch für ihr Baby. Mrs. Manly hatte keine Milch übrig, sondern nur einen kleinen Rest, den sie für Roberts Abendessen aufbewahren wollte. Als sie aber das Baby sah, das schon beinahe verhungert ausschaute, gab sie die Milch dennoch gerne ab.

Beim Mittagessen erzählte sie Robert von dem hungernden Baby und dass sie die Milch verschenkt hatte. Robert gefiel das gar nicht. Er schmollte und schimpfte trotzig und weigerte sich sein Abendessen anzurühren. Er sagte, es sei seine Milch und niemand anders solle sie haben.

Bedrückt brachte Mrs. Manly Robert ins Bett. Sie

erklärte ihm, welches Verhalten Jesus von uns möchte und dass Selbstsucht eine Sünde ist.

An diesem Abend betete sie und bat Gott, die selbstsüchtigen Gefühle aus dem Herzen ihres Sohnes zu nehmen und ihm ein Herz zu geben, das Gott liebt und ihm dienen will.

Am nächsten Tag nahm sie Robert mit zu einem Besuch bei der armen Familie. Sie dachte, es wäre wichtig für ihn, ihre Armut selbst zu sehen. Also gingen sie zusammen die Straße entlang, um die Familie des Trinkers zu besuchen. Wie ungemütlich und schäbig alles hier war! Robert fröstelte, als er sich in diesem armseligen Zuhause umsah. Es machte ihn traurig.

Die arme Frau dankte Mrs. Manly und Robert immer und immer wieder für die frische Milch, die sie gestern bekommen hatte.

»Das Baby hat die ganze Nacht durchgeschlafen«, sagte sie. »Ihr Vater hat sie nicht geschlagen. Er schlägt sie nämlich immer, wenn sie weint, wenn er betrunken nach Hause kommt.« Die Frau fing an zu weinen. »Mein armes Kind! Sie kann doch nichts dafür. Sie hat doch bloß Hunger.«

Mrs. Manly legte der Frau einen Arm um die Schultern. »Ich weiß nicht, ob ich noch mehr Milch hergeben kann. Ich würde das sehr gern tun, aber ...«

»Oh nein!«, rief die Frau. »Sie dürfen mir nicht noch mehr von der Milch ihres Sohnes geben. Er braucht sie.«

»Kann ich sonst irgendetwas für Sie tun?«, fragte Mrs. Manly freundlich.

»Nichts. Danke«, antwortete die Frau. »Das Wichtigste wäre, noch etwas Milch für mein Baby zu bekommen«, seufzte sie und küsste ihr Baby.

Auf dem Nachhauseweg sagte Robert kein Wort, obwohl er sonst sehr gern redete. Er schien ernsthaft über etwas nachzudenken. Seine Mutter sagte nichts, aber innerlich betete sie, Gott möge es in sein Herz geben, dass er erkennt und tut, was richtig ist.

Beim Abendessen stand wieder ein Glas Milch neben Roberts Teller. Als zu Tisch gerufen wurde, kam Robert nicht sofort, sondern starrte noch eine Weile ins Kaminfeuer, als hätte er nichts gehört.

»Robert, komm«, sagte sein Vater.

Er gehorchte, aber seine Milch schob er vorsichtig zur Seite. Nach ein paar Minuten ging er zu seiner Mutter. »Mama, kann ich meine Milch dem Baby bringen?«, flüsterte er.

»Ja, mein Sohn«, antwortete sie und umarmte ihn.

Noch einmal machten sich Mutter und Sohn auf den kurzen Weg zum Haus ihrer Nachbarn. Sie waren schnell wieder zurück. Robert lief zu seinem Vater. »Papa, das Baby hat die Milch, jetzt kann es gut schlafen. Ihre Mutter hat zu mir gesagt: ›Gott segne dich, Robert.‹ Und, Mama, meine Milch schmeckt heute sehr gut. Ich meine, keine Milch.«

Robert hatte gelernt, was Jesus gesagt hat: »Geben ist seliger als Nehmen« (Apostelgeschichte 20,35). Es machte ihn glücklicher, die Milch dem armen Baby zu geben, als sie selbst zu trinken.

Frage: Ist Robert schlecht weggekommen, als er seine Milch weggab?

Schriftlesung: Apostelgeschichte 20,32-38.

Anregungen zum Gebet

✶ Bete, dass Gott dir Mitgefühl für die Nöte anderer gibt. Bitte ihn, dir zu helfen, anderen etwas abzugeben, damit er geehrt wird.

❖ Bitte Gott, dich als einen Sünder anzunehmen, der ihn braucht. Bitte, dass du ihn kennen und lieben lernst. Bete, dass er dir deine Sünden vergibt.

30. Der Hirte und das verlorene Schaf

Am Ende eines kalten Februartags in einem irischen Dorf klopfte es an der Tür eines kleinen Hauses. Der Farmer, der dort lebte, öffnete.

»Kommen Sie ins Warme, Sir«, sagte er zu dem Mann vor der Tür. »Was können wir für Sie tun?«

»Also, wenn es Ihnen nicht zu viele Umstände macht, würde ich gern über Nacht bleiben«, sagte der Mann zu dem Farmer und seiner Frau. »Ich bin Pastor und wohne einige Stunden entfernt von hier. Ich habe in der Nähe Besuche gemacht und bin länger geblieben als geplant. Draußen braut sich ein Sturm zusammen und ich dachte, ich sollte mir lieber einen Platz zum Übernachten suchen.«

»Natürlich sind Sie uns willkommen«, rief die Frau des Farmers. »Kommen Sie, wir kümmern uns um Sie.«

Sie wärmte sofort etwas Suppe für den Pastor auf und setzte sich zu ihm an den Küchentisch, während er aß. Der Farmer und seine Frau hatten einen zwölfjährigen Sohn, der still zuhörte, während die anderen redeten.

Schnell fand der Pastor heraus, dass diese Menschen nie die Bibel gelesen hatten und ihnen auch nie das Evangelium erklärt worden war.

In diesem Moment fing der Junge an zu husten.

»Du hast einen schlimmen Husten«, bemerkte der Pastor.

»Ja, Sir«, erwiderte der Junge.

»Wo hast du dich so erkältet?«, fragte der Pastor freundlich.

»Vor einer Woche ist eines unserer Schafe weggelaufen. Mein Vater hat mich losgeschickt, um es zu suchen. Es lag tiefer Schnee. Die Kälte ging mir durch und durch, aber es machte mir nichts aus, weil ich unbedingt das Schaf finden wollte.«

»Hast du es gefunden?«, fragte der Pastor interessiert.

»Oh ja! Ich hab nicht aufgehört zu suchen, bis ich es hatte.«

»Und wie hast du es durch den Schnee nach Hause gebracht?«, fragte der Pastor.

»Ich hab es auf meine Schultern gelegt und es getragen.«

»Haben sich deine Eltern gefreut, dich zu sehen, als du nach Hause kamst?«

Der Junge lächelte. »Und wie! Mein Vater, meine Mutter und sogar die Nachbarn waren froh.«

»Wunderbar!«, dachte der Pastor bei sich. »Das gleicht ja dem Evangelium! Das Schaf ist verloren. Der Vater schickt seinen Sohn, um es zu suchen. Der Sohn geht los, sucht, leidet, findet es, legt das Schaf auf seine Schultern, bringt es nach Hause und freut sich darüber mit seiner Familie und Freunden.«

Der Pastor öffnete seine Bibel und las die Geschichte vom verlorenen Schaf aus Lukas 15,4-7 vor. Sofort erkannte die Familie die Ähnlichkeit zum Erlebnis des Jungen. Sie hörten mit großem Interesse zu, als der Pastor die Bedeutung dieses Gleichnisses erklärte.

Jetzt war die von Gott festgesetzte Zeit, dass sein Wort wirken sollte. Der Herr öffnete ihre Herzen, damit sie das Evangelium empfangen konnten. Sie verstanden es, taten Buße und glaubten an den Herrn Jesus Christus, den guten Hirten, der sein Leben für seine Schafe gegeben hat. Und es herrschte große Freude über die verlorenen Schafe, die gefunden und in die himmlische Herde des Erzhirten zurückgebracht worden waren.

Guter Hirte! Welch' Erbarmen,
welche Liebe wohnt in dir!
Gabst dein Leben für die armen
Schäflein, die verirret hier.
Aus der Wüste Nacht und Grauen,
von des Elends breiter Bahn,
trägst du uns zu sel'gem Schauen
auf den Schultern himmelan.

Dass uns Heil und Rettung werde,
wurdest du die Gnadentür.
Rufst mit Namen deine Herde,
gehst voran, sie folget dir.
Nie, weil du dich hingegeben,

werden sie verloren geh'n,
weil du selbst bist unser Leben,
werden ewig wir besteh'n.
(Wilhelm Brockhaus)

Frage: An welchen Namen (welchen Titel) für Jesus erinnert diese Geschichte?

Schriftlesung: Lukas 15,1-7.

Anregungen zum Gebet

✶ Danke Gott dafür, dass er dich gesucht und sicher zu sich nach Hause gebracht hat. Danke ihm für seine Geduld, mit der er dich dahin führte, dein Leben ihm zu unterwerfen.

❖ Bete, dass Gott dir zeigt, dass dir nichts fehlen wird, wenn du zu ihm kommst, und dass du für immer zu ihm gehören wirst.

31. Das Küchenmädchen

Früher hatten sehr viele Menschen Bedienstete im Haus. Reiche Leute hatten viele Diener, andere Leute hatten weniger. In Großbritannien war der Butler der wichtigste Hausangestellte. Er entschied, welches Essen serviert wurde, er öffnete die Tür und war verantwortlich für das gesamte Dienstpersonal. Die niedrigsten Hausangestellten waren die Küchenmädchen. Sie mussten die Feuer im Haus anheizen, wenn es kalt war oder wenn gekocht wurde, sie schrubbten die Böden und spülten das Geschirr. Oft waren Küchenmädchen Waisen und sehr arm.

In einem sehr schönen schottischen Haus trug ein Küchenmädchen ein Bündel Holzscheite herein. Vorsichtig legte sie die Scheite in den Ofen, einen nach dem anderen. »Höchste Zeit, dass du dich ums Feuer kümmerst, Katy. Es ist fast aus«, raunzte der Koch.

Katy war an die barschen Bemerkungen des Kochs gewöhnt und sagte nichts. Stattdessen fegte sie die Asche auf, die aus dem Ofen gefallen war, und wischte ihre Hände an ihrem abgenutzten braunen Kleid ab. Es war das einzige Kleid, das sie besaß. Sie hoffte, sich bald ein neues kaufen zu können, sobald sie genug Geld gespart hatte. Es war ihre erste Woche an ihrer ersten Arbeitsstelle. Das Kleid würde sie vielleicht in zwei Monaten kaufen können. Katy war fest entschlossen, ihr Bestes zu geben und hoffte, dass ihr Hausherr, der Pastor, ihre gute Arbeit bemerken würde.

Als Katy nach Feierabend gerade ihre Schürze abnahm, hörte sie Schritte. Jemand näherte sich der Küche. Die Tür öffnete sich und der Butler trat ein. »Katy«, sagte er. »Pastor McDowell möchte mit dir sprechen.«

Katy muss ganz blass ausgesehen haben, denn der Butler nahm sie an der Hand. »Komm mit«, sagte er freundlich. »Er ist dir nicht böse.«

Katy wollte fragen, warum er mit ihr sprechen wollte, aber sie traute sich nicht. Der Butler brachte sie über die Hintertreppe zum Empfangszimmer, wo Familie McDowell saß. Katy dachte voller Heimweh: »Ach, wäre ich doch nur zu Hause bei Großmutter!«

»Komm, Katy«, sagte der Pastor. »Ich möchte, dass du dich ein bisschen zu uns setzt.«

Katy sah verdutzt aus. So etwas gab es doch gar nicht! Küchenmädchen wurden niemals ins Empfangszimmer gebracht oder gebeten, neben der Familie zu sitzen, für die sie arbeiteten.

»Komm, setz dich hier her«, sagte der Pastor.

»Meinst du nicht, dass sie zuerst baden sollte?«, fragte Mrs. McDowell. Katy spürte, wie unangenehm es der Hausherrin war, ein schmutziges kleines Küchenmädchen in ihrem Empfangszimmer zu haben. Die Kinder flüsterten miteinander und kicherten. Katy spürte einen Kloß im Hals. Sie wäre lieber nicht dort gewesen.

»Ich wundere mich über dich«, sagte der Pastor zu seiner Frau. »Der Herr sieht doch bei uns allen das Herz an und nicht das Äußere.«

»Ich kann hier stehen bleiben, Sir«, sagte Katy schüchtern. »Damit nichts schmutzig wird.«

Mrs. McDowell tat es sofort leid, dass sie eine so unfreundliche Bemerkung gemacht hatte. Sie widersprach nicht, als ihr Mann Katy bat, sich neben ihn auf das Sofa zu setzen.

»Katy«, sagte Pastor McDowell. »Wir lesen jetzt in der Bibel. Hast du die Bibel schon einmal gesehen?«

Sie schüttelte den Kopf. Und tatsächlich hatte Katy noch nie vorher von der Bibel gehört.

»Wir lesen etwas, das du verstehen wirst«, versprach der Pastor und suchte die Geschichte von Adam und Eva aus. Zwischendurch machte er immer wieder Pausen, um Katy Fragen zu stellen oder etwas zu erklären, wenn sie etwas nicht verstanden hatte. Dann stellte er seinen vier Kindern abwechselnd Fragen und schließlich wandte er sich an Katy.

»Vielleicht war das etwas schwierig zu verstehen. Lass mich dir ein paar Fragen stellen, Katy. Weißt du, dass du eine Seele hast?«

Katy schüttelte den Kopf. Als sie die erstaunten Blicke der anderen bemerkte, wurde sie rot.

»Als Gott dich gemacht hat, hat er dir eine Seele gegeben. Wenn du stirbst, geht diese Seele entweder in den Himmel oder in die Hölle. Hast du von diesen Orten schon einmal gehört, Katy?«

Katy schüttelte wieder den Kopf. Dieses Mal war selbst der Pastor erstaunt, aber er ließ sich nichts anmerken. »Komm morgen Abend wieder in meine Hausandacht und ich werde es dir erklären.«

Dann betete Pastor McDowell für seine vier Kinder, für seine Frau und für Katy.

Auf dem Heimweg hatte Katy den Kopf voller Fragen. Warum brauchte sie ein neues Herz? Wohin würde sie kommen, wenn sie stirbt? Warum hatte Eva nicht auf Gott gehört? Wer war Gott überhaupt? Am nächsten Abend ging sie wieder zur Hausandacht und hörte mit großem Interesse zu, als der Pastor ihre Fragen beantwortete. Bevor Katy sich auf den Heimweg machte, sagte Pastor McDowell: »Katy, ich möchte, dass du dieses kleine Gebet mit mir betest: ›Herr Jesus, zeige mir, wie *ich* bin.‹ Bete es immer wieder und wieder. Denke daran, Gott hört dich, egal wo du bist. Wenn du nächste Woche wiederkommst, lese ich dir aus der Bibel vor.«

»Das werde ich gerne tun, Sir«, sagte Katy eifrig.

Aber bevor die Woche um war, klopfte ein kleiner Junge an die Tür des Pfarrhauses. Der Butler fragte ihn, was er wolle.

»Ich … ich bin Katys Bruder, Sir, und sie … sie ist krank, Sir!«

»Oh«, sagte der Butler. »Warte einen Moment. Ich rufe Pastor McDowell.«

Kurz darauf kam der Pastor an die Tür. »Wie heißt du, mein Junge?«, lächelte er.

»Neil«, antwortete der Junge. »Ich bin Katys Bruder. Sie kann heute nicht arbeiten. Sie wollte, aber Großmutter hat gesagt, sie ist zu krank.«

»War der Arzt bei ihr, Neil?«, fragte der Pastor.

Neil schüttelte den Kopf. »Wir haben kein Geld für einen Arzt«, flüsterte er. »Aber Großmutter kümmert sich gut um sie.«

»Wo wohnt ihr denn, Neil?«

Der Pastor notierte sich die Adresse und rief den Butler.

»Rufen Sie Dr. Blair und sagen Sie ihm, ich möchte, dass er nach Katy sieht, die bei dieser Adresse wohnt«, sagte Pastor McDowell. »Keine Sorge, Neil. Ihr müsst den Arzt nicht bezahlen. Aber nimm mich doch mit. Dann gehen wir zusammen Katy besuchen.«

Unterwegs sprach Pastor McDowell mit Neil über die Bibel und erklärte ihm, dass auch er ein neues Herz brauchte. Erfreut stellte er fest, dass Katy ihrem Bruder erzählt haben musste, was sie im Haus des Pastors gelernt hatte. Bald kamen sie an das Haus, in dem Katy mit ihrem Bruder und ihrer Großmutter lebte. Die Straßen waren hier schmutzig und die Häuser heruntergekommen. Sie stiegen die knarrende Treppe herauf, die zum Dachzimmer der beiden Waisen führte.

Neil platzte fast vor Stolz, als er ankündigte: »Ich habe den Pastor mitgebracht!«

Eine alte Frau kam mit schlurfendem Gang aus dem Nebenzimmer. »Guten Morgen, Reverend. Es ist sehr freundlich von Ihnen, hier vorbeizuschauen.

Katy spricht schon seit Tagen nur von Ihnen. Sie wird sich freuen, Sie zu sehen.«

Der Pastor trat an Katys Bett, wo sie schlief.

»Katy«, sagte Reverend McDowell sanft.

Sie öffnete die Augen. »Oh!«, sagte sie überrascht. »Wie haben Sie uns gefunden?«

»Neil hat mich hergebracht«, erklärte er. »Wie geht es dir denn?«

Ein Schatten huschte über Katys blasses Gesicht. »Nicht gut, Sir. Ich habe das Gebet gebetet, das Sie mir beigebracht haben. Aber es hat mich überhaupt nicht froh gemacht.«

»Sondern?«, fragte der Pastor freundlich.

»Ich bin mir vorgekommen wie Eva. Ich bin kein gutes Mädchen. Früher dachte ich, dass ich gut bin, weil ich für Großmutter und für Sie mein Bestes gegeben habe. Aber ich bin eine Sünderin und ich glaube, dass Gott sehr zornig auf mich ist. Ich traue mich nicht mehr, das Gebet zu beten. Ich habe Angst davor, dass Gott mich in die Hölle schickt.«

»Katy, hör zu. Ich werde dir noch ein anderes Gebet beibringen: ›Herr Jesus, zeige mir, wie *du* bist.‹ Sag das Gott immer wieder, bis du wieder Frieden hast. Denk daran: Gott erhört Gebet, Katy.«

Revernd McDowell ging wieder nach Hause. Unterwegs betete er, dass Gott Katys Gebet erhören und ihr seinen Frieden geben möge.

Einige Tage später bekam er einen Brief von Katys Großmutter.

Lieber Reverend McDowell,
es tut mir leid, Ihnen mitteilen zu müssen, dass Katy nicht mehr für Sie arbeiten wird. Der sehr freundliche Arzt, den Sie uns geschickt haben, hat im Haus eines Freundes eine Wohnung für uns gefunden. Der Arzt sagte, dort gibt es andere Kinder, mit denen Neil und Katy spielen können. Sie werden sogar einen Garten zum Spielen haben. Sie werden ein wenig bei der Hausarbeit helfen müssen, um sich ihren Lebensunterhalt zu verdienen. Ich werde tun, was ich kann, um etwas Geld zu verdienen. Danke, dass Sie so freundlich zu uns waren.
Mrs. Campbell

Nachdenklich faltete Pastor McDowell den Brief wieder zusammen. Er dankte Gott dafür, dass er so gütig zu Katy gewesen war und betete für ihre Bekehrung.

Die Jahre vergingen und aus dem Pastor wurde ein alter Mann. An einem hellen Septembermorgen klopfte es an der Tür. Der Butler machte auf und dort stand eine gut gekleidete junge Dame.

»Könnte ich mit Reverend McDowell sprechen?«, fragte sie.

»Darf ich fragen, wer darum bittet?«, erkundigte sich der Butler.

»Sagen Sie ihm einfach: Katy ist da.«

Der Butler drehte sich um und wollte gehen, doch dann schaute er die junge Frau noch einmal an. »Katy? Das Küchenmädchen?« Dann lachte er. »Du hast dich verändert.«

Kurz darauf kam der Pastor und schüttelte ihr die Hand. »Erzähl mir alles von dir, Katy. Aber zuerst sag mir: Hast du das zweite Gebet gebetet, das ich dir beigebracht habe?«

Katys Augen leuchteten. »Ja, das habe ich. Und ich werde Gott niemals genug danken können dafür, dass ich Ihnen begegnen durfte. Der Herr Jesus hat mir gezeigt, wie *er* ist und er hat mir Frieden gegeben, weil er mich mit Gott versöhnt hat. Es gab immer wieder Zeiten, in denen ich diesen Frieden verloren hatte. Dann habe ich dieses Gebet wieder gebetet.«

Den ganzen Nachmittag verbrachte der Pastor damit, mit Katy über die wunderbaren Dinge zu sprechen, die der Herr in ihrem und auch in seinem Leben getan hatte. Dabei dachten sie an das, was in Psalm 18,31 steht: *Dieser Gott – sein Weg ist vollkommen!*

Frage: Was erkannte Katy durch das erste Gebet und was durch das zweite?

Schriftlesung: Johannes 16,15-21.

Anregungen zum Gebet

✶ Danke Gott für seine vollkommenen Wege und für die Gnade und Barmherzigkeit, die er dir erwiesen hat.

❖ Bitte Gott, dir zu zeigen, wie sündig du bist und wie sehr du den Herrn Jesus brauchst. Bitte den Herrn Jesus dir zu zeigen, wie heilig, gerecht, liebevoll und barmherzig er ist und dass er bereit und imstande ist, Sünder wie dich zu retten.

Bibelstellenverzeichnis

Kapitel 1
1. Johannes 1

Kapitel 2
Matthäus 11,25-30
1. Timotheus 1,15

Kapitel 3
2. Mose 33,7-11
Sprüche 17,7; 18,24
1. Korinther 15,33
Jakobus 4,4

Kapitel 4
Psalm 50,17; 108,4
Micha 7,18
Matthäus 10,19
Lukas 21,15
2. Korinther 2,13
1. Petrus 3,15

Kapitel 5
1. Mose 45,21-28
Jesaja 65,24
Psalm 120,1 und 145,19
2. Korinther 6,17-18

Kapitel 6
5. Mose 6,6-7
2. Chronik 7,14
Jeremia 29,13
Joel 1,3
Markus 11,24
Lukas 18,13; 18,9-14
Jakobus 5,16
1. Johannes 3,22

Kapitel 7
Prediger 9,10
Jeremia 8,2-22
Matthäus 20,6; 20,1-6
Johannes 9,4

Kapitel 8
Prediger 12
Matthäus 9,5
Lukas 18,13

Kapitel 9
Psalm 66,20
Matthäus 1,21
Johannes 3,1-21

Kapitel 10
Josua 24,14-28
Jesaja 61,10
Maleachi 3,16-18
1. Johannes 1,7

Kapitel 11
Markus 10,28-30

Kapitel 12
Epheser 6,5-9
Hebräer 7,25

Kapitel 13
Johannes 15,12-17
Psalm 68,1-10

Kapitel 14
Rut 1,15-18
Psalm 139,7-12
Jona 1+2

Kapitel 15
Johannes 15,12-17

Kapitel 16
Matthäus 6,19-21; 19,16-26
Kolosser 3,2

Kapitel 17
Apostelgeschichte 24,22-27
2. Korinther 6,2
Hebräer 3,15

Kapitel 18
Lukas 16,19-31

Kapitel 19
Epheser 6,13
Hebräer 13,1-6
Jakobus 4,7

Kapitel 20
Jakobus 5,13-15

Kapitel 21
Jesaja 1,16-20
Lukas 15,11-23
Römer 11,33

Kapitel 22
Jesaja 49,8-13
Römer 6,23

Kapitel 23
Matthäus 7,13-14

Kapitel 24
Psalm 103,10-12
Jesaja 1,18
Jesaja 44,21-28
Micha 7,18-19

Kapitel 25
Matthäus 21,12-17

Kapitel 26
Lukas 11,5-13

Kapitel 27
Lukas 18,15-17

Kapitel 28
1. Samuel 17,1-58

Kapitel 29
Apostelgeschichte 20,32-38

Kapitel 30
Lukas 15,1-7

Kapitel 31
Psalm 18,30

Antworten

Kapitel 1
Er vergibt uns (1. Johannes 1,9).

Kapitel 2
Sünder.

Kapitel 3
Zuerst mit Flehen und Schreien, dann aber mit Freundlichkeit.

Kapitel 4
Mit einem Bibelvers (Psalm 50,17). / Zu jeder Zeit.

Kapitel 5
Das Gebet des Zöllners.

Kapitel 6
Der Pharisäer. / Lehre deine Kinder das Wort Gottes.

Kapitel 7
Er hatte in einer Blindenschule gelernt, die Blindenschrift Braille zu lesen. / Hoffentlich ja.

Kapitel 8
Er ging zu Gott (Prediger 12,7).

Kapitel 9
Er wusste, dass Gott alle Sünder erhört, die Buße tun und ihn aufrichtig um Vergebung bitten.

Kapitel 10
Durch die Familienandacht der Watsons. / Als Gottes Eigentum.

Kapitel 11
Das Hundertfache. / 10.000 Prozent.

Kapitel 12
Sprecht darüber miteinander!

Kapitel 13
»Ein Vater der Waisen« (Psalm 68,6).

Kapitel 14
Er ließ einen starken Sturm aufkommen, so dass Jona ins Meer geworfen werden musste. Danach wurde er durch einen großen Fisch gerettet. / Rut handelt genau umgekehrt.

Kapitel 15
Um Sünder von ihren Sünden zu retten.

Kapitel 16
Weil er keinen Schatz im Himmel hatte. / Für die Dinge im Himmel und nicht für die auf der Erde.

Kapitel 17
Weil wir nicht wissen, ob wir uns später noch bekehren können, denn das liegt nicht in unserer, sondern in Gottes Hand. / Um John zu zeigen, wie verkehrt es ist, die Suche nach Errettung aufzuschieben.

Kapitel 18
Der arme Peter. / Weil er einen großen Schatz im Himmel hatte.

Kapitel 19
Weil auch Jesus zu den Sündern freundlich war und weil er seinen Nachfolgern gesagt hat, dass sie so sein sollen wie er.

Kapitel 20
Es hat sie an das Gebet ihrer Mutter erinnert.

Kapitel 21
Das Gleichnis vom verlorenen Sohn. / Jims Leben ähnelte dem vom verlorenen Sohn.

Kapitel 22
Weil Gottes Wort »lebendig und wirksam« ist (Hebräer 4,12) und das Evangelium »Gottes Kraft für jeden, der glaubt« ist (Römer 1,16).

Kapitel 23
Weil seine Lebensweise von Gott weg ins ewige Verderben, in die Hölle, führte.

Kapitel 24
Er löscht sie aus.

Kapitel 25
Sprecht darüber miteinander!

Kapitel 26
Gott.

Kapitel 27
Glauben wie ein Kind.

Kapitel 28
Sprecht darüber miteinander!

Kapitel 29
Nein. Geben ist seliger (besser) als nehmen oder etwas zu bekommen (Apostelgeschichte 20,35).

Kapitel 30
An Jesus als den guten Hirten.

Kapitel 31
Zuerst betete sie, dass sie sich selbst erkennen möge; als zweites betete sie, dass sie Jesus erkennen möge.

Über die Verfasser

Dr. Joel R. Beeke ist Präsident des *Puritan Reformed Theological Seminary* und dort Professor für Systematische Theologie und Homiletik, außerdem ist er Pastor der *Heritage Netherlands Reformed Congregation* in Grand Rapids, Michigan, Herausgeber von *Banner of Sovereign Grace Truth*, leitender Redakteur bei *Reformation Heritage Books*, Präsident von *Inheritance Publishers* und Vizepräsident der *Dutch Reformed Translation Society*. Er hat etwa 50 Bücher verfasst bzw. herausgegeben, einschließlich zahlreicher Kinderbücher, und rund 1.500 Artikel in Büchern, Zeitschriften und Lexika veröffentlicht, die der reformierten Theologie verpflichtet sind. Er hat am *Westminster Theological Seminary* über die Theologie der Reformations- und Nachreformationszeit promoviert. Häufig hält er Gastvorlesungen an theologischen Seminaren und Vorträge auf reformierten Konferenzen rund um die Welt. Er und seine Frau Mary haben drei Kinder.

Diana Kleyn ist Mitglied der *Heritage Netherlands Reformed Congregation* in Grand Rapids, Michigan. Sie ist mit Chris verheiratet und Mutter von drei Kindern. Ihr besonderes Anliegen ist, Kindern zu helfen, die Lehren des Wortes Gottes zu verstehen und anzunehmen. Sie ist Autorin eines Kinderbuchs, das

Geschichten über Bekehrungen und das Leben als Christ enthält (*Taking Root and Bearing Fruit*). Zusammen mit Joel Beeke hat sie das Buch *Reformation Heroes* verfasst (»Helden der Reformation«), das die Lebensgeschichte von rund vierzig Persönlichkeiten der Reformation für Kinder ab zehn Jahren erzählt. Sie schreibt auch monatlich im Kinderteil des Magazins *The Banner of Sovereign Grace Truth*.

Danksagung

Dank sei zuallererst Gott dafür gebracht, dass er uns bei der Erstellung dieser Buchserie geholfen hat. Ohne ihn können wir nichts tun. Danken möchten wir ebenfalls James W. Beeke, der manches hilfreiche Material geliefert hat; Jenny Luteyn, die viele der Geschichten beigesteuert hat; Jeff Anderson für seine Zeichnungen sowie Catherine MacKenzie für ihre tüchtige und unschätzbare Redaktionsarbeit. Schließlich möchten wir auch unseren treuen Ehepartnern Mary Beeke und Chris Kleyn für ihre Liebe, Unterstützung und Ermutigung danken, die sie uns erwiesen, als wir über mehrere Jahre an diesen Büchern arbeiteten. Unser ernstes Gebet ist, dass der Herr durch diese Geschichten viele segnen möge.

Joel R. Beeke und Diana Kleyn
Grand Rapids, Michigan, USA

Gesamtüberblick über die Reihe

Die Reihe »Auf Fels gebaut« umfasst insgesamt folgende 5 Bände:

Band 1: Wie Gott durch ein Gewitter wirkte
»Für Gott leben« und »Der Wert der Heiligen Schrift«.
ISBN 978-3-935558-31-0

Band 2: Wie Gott die Piraten besiegte
»Erlebnisse in der Mission« und »Erstaunliche Bekehrungsgeschichten«. ISBN 978-3-935558-32-7

Band 3: Wie Gott durch eine Schneewehe rettete
»Gott ehren« und »Dramatische Rettungsaktionen«.
ISBN 978-3-935558-33-4

Band 4: Wie Gott bei Dürre einen Schirm sandte
»Treue Zeugen« und »Kindlich fester Glaube«.
ISBN 978-3-935558-34-1

Band 5: Wie Gott zur Rettung einen Hund schickte
»Gottes Fürsorge« und »Kindlich fester Glaube«.
ISBN 978-3-935558-35-8

Joel Beeke & Diana Kleyn

Wie Gott durch eine Schneewehe rettete

und andere Andachtsgeschichten
Reihe »Auf Fels gebaut« Band 3

Hardcover, 190 Seiten
Betanien Verlag 2013
ISBN 978-3-935558-33-4
9,90 Euro

Dies ist ein Buch voller Geschichten aus früheren Zeiten. Es ist nicht nur spannend, sondern auch lehrreich und vor allem den Glauben stärkend. Alle Geschichten verweisen auf eine geistliche Wahrheit und auf eine entsprechende Schriftstelle. Außerdem sind am Ende jeder Geschichte Fragen, ein kurzer Schriftabschnitt und Anregungen für das Gebet angegeben.

Die Kinder werden eine Geschichte nach der anderen lesen oder hören wollen! Deshalb umfasst diese Reihe »Auf Fels gebaut« auch insgesamt 5 Bände. Die Autoren haben einen bibeltreuen, reformatorischen Hintergrund mit puritanischer Prägung.

Die Geschichten dieses dritten Bandes widmen sich vor allem der Verdeutlichung der Schwerpunkte »Dramatische Rettungsaktionen« und »Gott ehren«.

Lesealter ca. 9-14 Jahre, zum Vorlesen auch früher.